且行且思教语文

曾月容◎著

安徽师范大学出版社
ANHUI NORMAL UNIVERSITY PRESS
·芜湖·

图书在版编目(CIP)数据

且行且思教语文 / 曾月容著. — 芜湖 : 安徽师范大学出版社, 2023.12
ISBN 978-7-5676-6504-0

Ⅰ. ①且… Ⅱ. ①曾… Ⅲ. ①小学语文课 - 教学研究 - 成果 - 汇编 Ⅳ. ①G623.202

中国国家版本馆CIP数据核字(2023)第251747号

且行且思教语文　　曾月容◎著

责任编辑:胡志恒　　责任校对:李克非　王文君
装帧设计:王晴晴　　责任印制:桑国磊
出版发行:安徽师范大学出版社
芜湖市北京中路2号安徽师范大学赭山校区
网　　址:http://www.ahnupress.com/
发 行 部:0553-3883578　5910327　5910310(传真)
印　　刷:苏州市古得堡数码印刷有限公司
版　　次:2023年12月第1版
印　　次:2023年12月第1次印刷
规　　格:700 mm × 1000 mm　1/16
印　　张:15.5
字　　数:260千字
书　　号:ISBN 978-7-5676-6504-0
定　　价:48.00元

前 言

尊敬的读者：

感谢您阅读《且行且思教语文》这本书。这是一本关于小学语文教育的实践性著作，旨在探讨如何更好地进行语文教育。在这本书中，我结合自己多年的教育成长经验，从教学理念、教学方法、课堂管理、课题研究等方面探讨小学语文教育。书中的每一种观点都是本人在实践中不断摸索、总结出来的经验和思考，希望能够对读者有所启发和帮助。

教育是一项神圣的事业，它不仅仅是传授知识，更是培养学生的思维能力、创造力和社会责任感的过程。作为一名语文教师，我深知语文教育的重要性。语文是我们民族的文化瑰宝，也是我们交流沟通的工具。因此，我们要注重培养学生的语文素养，让他们能够理解和欣赏文学作品，同时也能够用自己的语言表达自己的想法和感受。

在这本书中，我分享了一些我在教学实践中的方法和经验。首先，我认为教育应该注重个性化，每个学生都是独一无二的个体，他们的学习方式、兴趣和潜能都是不同的。因此，在教学过程中，我们应该尊重学生的个性差异，采用多样化的教学方法和评价方式，让每个学生都能够得到适合自己的教育。其次，教育是一个持续的过程，教师应该不断地学习和反思，以提高自己的教学水平。围绕以上两种观点，我在书中提供了许多实用的教学案例和方法，相信可以帮助教师们更好地开展语文教学工作，提高教学质量。

通过整理这部书稿，我意识到教育并不是一门固定不变的科学，而是需要不断地研究和探索的领域。无论是教师、家长还是社会人士，我们都应该关注教育，为提高教育质量和培养更多优秀的人才而努力。

亲爱的读者朋友们，教育是一项充满挑战的事业，我们需要不断地学习、探索和创新。希望这本书能够帮助您更好地进行语文教育，也希望能够引起您的共鸣和思考。让我们携手共进，为推动我国语文教育事业的发展贡献我们的力量！

敬祝各位阅读愉快！

卷首语

坚守初心，做一名温暖的老师。

回望自己来时的脚步与平凡的人生，虽波澜不惊，但却一直与语文相守至今。兜转徘徊已逾二十年，恍若一瞬间。与小语的耳鬓厮磨中有遗憾与艰辛的苦涩，也有感悟与温馨的甜蜜。没有关于语文的鸿篇巨作，只有漫步教海、且行且思、撷取与收藏的点滴。“坚守初心，做一名温暖的老师”，是我根植农村而不敢懈怠的动力。

暖心·创建有爱的班集体

我从事教育教学工作28年，其中在农村学校任教15年，担任班主任工作17年，一直坚持创建有爱的班集体，用爱温暖每一位学生。我认为班主任的职责不仅仅是“传道、授业、解惑也”，更重要的是让学生学会学习，学会生活，学会做人，培养学生良好的思想品格和行为习惯，让他们拥有今后学习、生活和工作的必要知识。我十分注重建立平等、宽松的师生关系，常常深入学生中去，与学生促膝谈心，使学生感到老师是可亲、可敬、可信赖的人。在多年的班级管理中，我坚持勤家访、勤辅导，重视运用教育学、心理学的方法进行辅导，促进学生学习、生活的全面进步和心理健康的发展，营造“健康、活泼、团结、向上”的班风，让学生在暖心的班集体中健康成长。

暖流·打造优质实效课堂

我追求“灵动教学”，打造暖意的语文课堂。我认为“灵”就是灵活，教师以文而教，因生定教；“动”则是动口、动手、动脑，学生变输入式学习为输出式学习；有暖意的课堂是以生为本，与生共长，教学有创意，学习有动力。只有课堂充满灵动和暖意，知识如暖流滋润孩子的心田，教学才能更有实效。我坚持“课题源于问题”“教研助力创新”“反思赋能成长”的理念，在小学语文教学路上不断思考，砥砺前行，不断地在人生中超越自我，成就自我；以“阅读丰盈人生”的理念坚持阅读与写作，让自己诗意地栖居，培养高雅情趣，开阔人生视野，凝聚前进的力量，延展生命的广度和宽度。我主持开展2项市级立项课题研究，参与1项省级课题研究，并在省级的活动中进行课题研究成果专题讲座分享，所撰写的40多篇论文获奖或发表。

暖阳·赋能教师团队发展

我努力让自己成为冬日暖阳，积极赋能团队的发展。我先后被聘为阳山县小学语文主题学习名师工作室主持人，清远市名教师工作室主持人，广东省名教师工作室成员。在名师工作室这个平台上，我坚持以成员的发展为核心，凝聚团队合力，大幅提升团队的教学水平。除了工作室内部成员的自我成长，我还注重以点带面，把工作室个人成长能量辐射成员所在校及农村薄弱学校，实现优质教育资源的共享，助力推动乡村教育振兴。广东卫视台新闻联播节目、清远市教育局分别对我的事迹进行了题为《不忘初心，做教育的燃灯者》《新时代，新征程》的宣传报道。

坚守初心，困知勉行；铢积寸累，容而有道。让我们一起在教海中，撑一支竹篙，向青草更青处漫溯！

目　录

第一辑　课题源于问题

“山区农村小学生作文素材的积累与运用研究”课题实验方案 ……………3

“山区农村小学生作文素材的积累与运用研究”课题实验结题报告 ………8

“‘双减’背景下习作单元项目式学习的实践研究”课题实验方案 ………19

“‘双减’背景下习作单元融合信息技术支架的实践研究”课题实验方案 ………33

第二辑　教研助力创新 ……………………………………………45

培养学生习作兴趣的方法 ……………………………………………47

丰富学生作文素材的方法 ……………………………………………52

培养学生积累作文素材的方法 …………………………………………55

通过观察积累作文素材的方法 …………………………………………61

在背诵中积累素材的方法 ……………………………………………65

在阅读教学中积累语言的方法 …………………………………………68

积累与运用习作素材的方法 ……………………………………………73

培养灵活运用作文素材能力的方法 ………………………………………77

培养自改作文能力的方法 ……………………………………………81

习作单元的教学策略 …………………………………………………87

习作单元的精读课的教学策略 ……91
“灵动五环”习作单元项目式学习 ……96
习作单元项目式学习的教学策略 ……102
习作单元项目式学习的评价策略 ……110
习作单元项目式学习设计 ……113

第三辑　反思赋能成长……133

“智慧五环”小学语文灵动教学模式 ……135
新课标下低年级识字教学 ……140
语文教学中如何培养学生的创新能力 ……146
培养口语交际能力的方法 ……149
课后习题落实语文要素的策略 ……153
小学语文阅读教学中的审美教育 ……157
小学语文课堂教学中的有效评价 ……161
小学语文课堂教学中融入德育的策略 ……166
基于单元整体建构的读写结合策略 ……170
项目式学习视野下小学语文与综合实践活动有效整合 ……174
项目式学习视野下小学语文与劳动教育的融合 ……179
革命文化类课文教学与项目式学习的融合 ……183
革命文化类课文项目式学习设计案例
——四年级下册《黄继光》项目式学习设计 ……188
精品课教学设计案例集萃 ……191

第四辑　阅读丰盈人生……203

小学班主任工作中的情感教育 ……205

倾注“六心”转化后进生 …… 209
《项目式教学》读书心得体会 …… 213
《教师专业发展的未来性特征》学习心得体会 …… 216
设计有思维含量的提问,上有思维含量的语文课
——学习《设计有价值的课堂提问》心得体会 …… 219
幸福,源于绿色盎然! …… 222
文明创建随想曲 …… 224
用激情拥抱生活 …… 227
秋天的怀想 …… 229
漂流笔架山 …… 230
春去春又来 …… 233

参考文献 …… 235

第一辑

课题源于问题

引子：课题源于问题，意味着一个课题的研究和探讨是从一个问题、疑惑或者现象开始的。这个问题可能是现实生活中的实际问题，也可能是学术界或研究领域的一个尚未解决的难题。研究者通过对这个问题深入地调查、分析和研究，逐步揭示其背后的规律、原理和原因，从而形成一个完整的课题。一线教师在确立课题时，应基于日常教育教学工作中存在的真实问题出发，并根据课题组的团队实力，选定所要开展的课题。

“山区农村小学生作文素材的积累与运用研究”课题实验方案

一、课题研究的背景及目的

（一）现状与思考

一直以来，学生作文难是困扰语文教学的一个棘手的问题。小学生怕写作，写不出作文，总是抱怨：“一写作文就满脑子都是空白，半天写不出一篇像样的作文来。”“老师，每次写作文，我都感到无话可说，只好东拼西凑，说一些空话、套话，甚至编造一些材料。”而老师们也抱怨：“每次学生作文，我都辛辛苦苦地批改、讲评，然而收效不大，大多空洞乏味，毫无长进！”通过我们学校老师的调查与初步研究，“主题浅薄模糊，内容空洞干瘪，语言直白无味”是我们山区农村小学生作文中的三大弊病，而阅读量的不足和素材的贫乏则是造成以上弊病的主要原因。山区农村小学的孩子，缺乏对生活的观察，没有积累的习惯和兴趣。没有养成观察和思考的习惯，也就没有了生活经验的积累，写文章自然就没有了素材，无从下笔，“巧妇难为无米之炊”。有些学生不能运用所积累的素材，或者是运用不恰当，素材的积累与运用脱节。

《义务教育语文课程标准（2011 年版）》指出：“语文教学要注重语言的积累、感悟和运用，注重基本技能训练，让学生打好扎实的语文基础。”“具有独立阅读的能力，学会运用多种阅读方法。有较为丰富的积累和良好的语感，注重情感体验。”“积累课文中的优美词语、精彩句段，以及在课外阅读和生活中获得的语言材料。”“养成留心观察周围事物的习惯，有意识地丰富自己的见闻，珍视个人的独特感受，积累习作素材。”“学习浏览，扩大知识面，根据需要搜集信息。”“在写话中乐于运用阅读和生活中学到的词语。尝试在习作中运用自己平时积累的语言材料，特别是有新鲜感的词句。”

（二）研究的目的

依据《语文课程标准》，针对学生作文中存在的问题，我们试图从素材积累与运用入手，引导学生逐步提高写作水平，通过开展“山区农村小学生作文素材的积累与运用”这一课题的研究，让学生积极接触生活、运用语言，用好语言，丰富作文素材，不再为“巧妇难为无米之炊”而发愁。

二、理论依据

（一）《义务教育语文课程标准（2011年版）》相关要求

《义务教育语文课程标准（2011年版）》指出：“语文教学要注重语言的积累、感悟和运用，注重基本技能训练，让学生打好扎实的语文基础。”“具有独立阅读的能力，学会运用多种阅读方法。有较丰富的积累和良好的语感，注重情感体验。”“积累自己喜欢的成语和格言警句，积累课文中的优美词语，精彩句段，以及在课外阅读和生活中获得的语言材料。养成留心观察周围事物的习惯，有意识地丰富自己的见闻，珍视个人的独特感受，积累习作素材。学习浏览，扩大知识面，根据需要搜集信息。”“在写话中乐于运用阅读和生活中学到的词语。尝试在习作中运用自己平时积累的语言材料，特别是有新鲜感的词句。”

（二）名人名家教育名言

1. 朱熹说：“问渠那得清如许，为有源头活水来。”

2. 现代著名教育家叶圣陶说：“善读未写书，不守图书馆；天地阅览室，万物皆书卷。”天地万物都是阅读的好教材，只有善积累，才能为写出独具个性的文章奠定扎实的基础。

3. 语文学家吕叔湘说：“语文课跟别的课有点不同，学生随时随地都有学语文的机会。逛马路，马路旁边的广告牌，买东西，附带的说明书，到处都可以学语文。”只有让学生以独具个性的感官去观察社会、生活中他们感兴趣的事物，学生的习作才会有新意，有个性。

三、研究目标

1. 探索出让学生有效积累并能正确运用作文素材的途径和方法，激发学生的写作兴趣，提高学生的写作水平。

2. 提高实验教师的科研能力和作文教学水平，促进学校小学语文教学水平的提高。

四、研究内容

（一）小学生作文素材积累的方法与途径的研究

1. 从生活中积累素材。

如何引导学生通过对生活中的某些人物、某些事情、某个场景、某个事物、某种观点进行认真感受、审察和分析，并写下相关文字（写景、叙述、议论均可）来积累素材。

2. 从课文中积累素材。

课文中有很多内容可以作为学生作文的素材，在阅读教学中如何有意识地引导学生从中积累教材，从而使自己的写作素材源源不断。

3. 从课外阅读中积累素材。

课外阅读是丰富学生的语言积累、提高语言表达水平的重要途径。如何培养学生养成坚持读课外书的习惯，并从佳作名篇中汲取营养，丰富写作素材，必须引起重视。

（二）指导小学生灵活运用所积累的素材进行写作训练的研究

1. 读写结合，以读促写。

在课堂教学中，教师应该借助教材特点，将阅读与写作紧密结合起来，让学生在积累作文素材的同时学会运用。

2. 由说到写，以说促写。

培养学生说的能力，再让学生“我手写我口”，把口语转变为书面语。

3. 运用素材，坚持练写。

指导学生把平时积累的素材运用到平时的写作当中，坚持练笔。

4. 选择素材，即兴创写。

选择一定的素材，指导学生进行创设性写作。

五、研究方法

（一）问卷法

调查本校小学生的课外阅读及课外语文学习现状。

（二）个案研究法

运用这一研究方法，旨在通过对典型的个案追踪与分析，观察记录在课外阅读的课题研究实验中特殊学生的发展和成长情况。

（三）行动研究法

实验过程中，实验教师团结一致，互相合作学习，边实践边修改，边总结边提高，以适应不断变化的新情况、新问题，进一步优化合作学习。

（四）研讨法

针对实验过程中的实际问题进行研讨、分析，借以不断完善操作方法，提高实验操作水平。

（五）经验总结法

围绕怎样更好地积累与运用作文素材为目标，在实践中探索积累与运用作文素材的方法与教学模式，将感性认识上升为理性认识，从局部经验中发掘其普遍意义，为课题研究提供理论基础与实践经验。

六、研究原则

（一）整体性原则

作文训练面向全体学生，坚持全面发展，让每一位学生都得到发展。对每一个学生也要考虑学生的整体素质，要避免低级庸俗和无聊，要有利于全面提高学生素质。

（二）主体性原则

充分尊重学生的主体地位，发挥学生的主体作用，充分调动学生学习的积极性和创新性，让课堂教学焕发出生命的色彩。

（三）因材施教原则

针对不同能力层次的学生，使用不同的训练方法，提出不同层次的要求。

（四）实效性原则

在实验的过程中，实验教师要认真对待，把实验的每一个阶段每一个环节都落实好，要避免形式上的热热闹闹，实用效果上的冷冷清清，力求每一次研究活动都具有一定的效用。

七、实验步骤

本课题拟用四年完成，具体分为三个阶段：

第一阶段：准备阶段（2012年9月—2012年12月）

成立组织，分析学情，制定方案，加强对本课题的有关理论的学习，借鉴别人的研究成果，收集有关资料，研究工作全面启动。

第二阶段：实施阶段（2013年1月—2015年12月）

教师针对学生习作与习作教学弊端，探求研究“小学生作文素材的积累与运用”的教学思路，摸索出让学生乐于积累、恰当运用的途径与方法。

第三阶段：总结阶段（2016年1月—2016年7月）

整理研究资料，推出研究成果，撰写总结报告，申报结题验收。

“山区农村小学生作文素材的积累与运用研究”课题实验结题报告

“山区农村小学生作文素材的积累与运用研究”是以探索出让学生有效积累并能正确运用作文素材的途径和方法，激发学生的写作兴趣，提高学生的写作水平等为主要研究内容的一项实验。此课题是由主持人曾月容老师申报，于2012年12月经学校教育科研领导小组评审后立项开展研究，2013年8月和2013年12月分别被批准为阳山县第八批和清远市第十四批教育科研立项课题。经过三年多的实验研究，已完成了所有的研究内容，基本实现了预期的研究目标。

一、课题的提出

一直以来，学生作文难是困扰语文教学的一个棘手的问题。小学生怕写作，写不出作文，总是抱怨：“一写作文就满脑子都是空白，半天写不出一篇像样的作文来。”“老师，每次写作文，我都感到无话可说，只好东拼西凑，说一些空话、套话，甚至编造一些材料。”而老师们也抱怨：“每次学生作文，我都辛辛苦苦地批改、讲评，然而收效不大，大多空洞乏味，毫无长进！”通过我们学校老师的调查与初步研究，“主题浅薄模糊，内容空洞干瘪，语言直白无味”是我们山区农村小学生作文中的三大弊病，而阅读量的不足和素材的贫乏则是造成以上弊病的主要原因。山区农村小学的孩子，缺乏对生活的观察，没有积累的习惯和兴趣。许多学生还是生活的陌路人，他们缺少观察的意向，没有养成观察和思考的习惯，也就没有了生活经验的积累，写文章自然就没有素材，无从下笔，“巧妇难为无米之炊”。有些学生却不能运用所积累的素材，或者是运用不恰当，素材的积累与运用脱节。

《义务教育语文课程标准（2011年版）》指出："语文教学要注重语言的积累、感悟和运用，注重基本技能训练，让学生打好扎实的语文基础。""具有独立阅读的能力，学会运用多种阅读方法。有较为丰富的积累和良好的语感，注重情感体验。""积累课文中的优美词语、精彩句段，以及在课外阅读和生活中获得的语言材料。""养成留心观察周围事物的习惯，有意识地丰富自己的见闻，珍视个人的独特感受，积累习作素材。""学习浏览，扩大知识面，根据需要搜集信息。""在写话中乐于运用阅读和生活中学到的词语。""尝试在习作中运用自己平时积累的语言材料，特别是有新鲜感的词句。"

依据《义务教育语文课程标准（2011年版）》，针对学生作文中存在的问题，我们试图从素材积累与运用入手，引导学生逐步提高写作水平，通过开展"山区农村小学生作文素材的积累与运用"这一课题的研究，让学生积极接触生活、运用语言，用好语言，丰富作文素材，不再为"巧妇难为无米之炊"而发愁。

二、课题界定

作文素材是作文的基础，作文素材的积累与运用是作文的关键环节。"山区农村小学生作文素材的积累与运用的研究"为教改实验专题，是以"大语文"观、素质教育观为指导思想，从农村学校的实际出发，用立体化的、科学的训练模式，开放的、灵活多样的活动，全方位地调动学生学习语文的主动性和积极性，让学生养成广泛阅读、全面观察、处处留意、时时思考、主动记录的良好习惯，从课堂到课后，从校内到校外，将习作生活化，生活习作化，让学生感受习作的乐趣，使学生情动词发，叙童趣，抒童情，写童真，勇于创新，张扬自我，从而活化作文教学，深化能力培养，进而提高学生的语文综合素质，促进语文教学质量的全面提高。

三、理论依据

（一）《义务教育语文课程标准（2011年版）》相关要求

《义务教育语文课程标准（2011年版）》指出："语文教学要注重语言的积累、感悟和运用，注重基本技能训练，让学生打好扎实的语文基础。”“具有独立阅读的能力，学会运用多种阅读方法。有较为丰富的积累和良好的语感，注重情感体验。”“积累课文中的优美词语、精彩句段，以及在课外阅读和生活中获得的语言材料。”“养成留心观察周围事物的习惯，有意识地丰富自己的见闻，珍视个人的独特感受，积累习作素材。”“学习浏览，扩大知识面，根据需要搜集信息。”“在写话中乐于运用阅读和生活中学到的词语。”“尝试在习作中运用自己平时积累的语言材料，特别是有新鲜感的词句。”

（二）名人名家教育名言

1. 朱熹说：“问渠那得清如许，为有源头活水来。”

2. 现代著名教育家叶圣陶说：“善读未写书，不守图书馆；天地阅览室，万物皆书卷。”天地万物都是阅读的好教材，只有善积累，才能为写出独具个性的文章奠定扎实的基础。

3. 语文学家吕叔湘说：“语文课跟别的课有点不同，学生随时随地都有学语文的机会。逛马路，马路旁边的文告牌，买东西，附带的说明书，到处都可以学语文。”只有让学生以独具个性的感官去观察社会、生活中他们感兴趣的事物，学生的习作才会有新意，有个性。

四、研究目标

1. 探索出让学生有效积累并能正确运用作文素材的途径和方法，激发学生的写作兴趣，提高学生的写作水平。

2. 提高实验教师的科研能力和作文教学水平，促进学校小学语文教学水平的提高。

五、研究内容

1. 小学生作文素材积累的方法与途径的研究。

2. 指导小学生灵活运用所积累的素材进行写作训练的研究。

六、研究方法

（一）问卷法

调查本校小学生的课外阅读及课外语文学习现状。

（二）个案研究法

运用这一研究方法，旨在通过对典型的个案追踪与分析，观察记录在课外阅读的课题研究实验中特殊学生发展和成长情况。

（三）行动研究法

实验过程中，实验教师团结一致，互相合作学习，边实践边修改，边总结边提高，以适应不断变化的新情况、新问题，进一步优化合作学习。

（四）研讨法

针对实验过程中的实际问题进行研讨、分析，借以不断完善操作方法，提高实验操作水平。

（五）经验总结法

围绕怎样更好地积累与运用作文素材为目标，在实践中探索积累与运用作文素材的方法与教学模式，将感性认识上升为理性认识，从局部经验中挖掘其普遍意义，为课题研究提供理论基础与实践经验。

七、研究的主要步骤

研究时间：2012 年 9 月—2016 年 7 月

（一）准备阶段：2012 年 9 月—2012 年 12 月

1.组建课题研究小组，进行任务分工。

2.调查教学实际，了解我县小学作文教学的现状及学生的学习状况。

3.查阅相关资料，进行可行性研究。

4.培训实验教师，学习新课标和现代教育教学理论，为课题研究做好充分准备。为更好地开展课题实验，我们课题组采取集中学习和自我学习相结合的方式，开展一系列理论学习活动。如：学习与课题实验相关的经验文章《教师如何做课题研究》《如何提高小学生写作技巧》《文本阅读与作文写作要有机结合》，研读《义务教育语文课程标准（2011 年版）》《新版小学语文课程标准解析与教学指导》，通过理论学习，提高课题实验意识。在课题实验过程中，我们县教研室领导给我们做现场指导。为开拓教师视野，我们积极组织实验教师前往广州、深圳、江门等地开展培训和学习，提高教师的专业知识水平。

5. 课题研究启动。在深入调查和初步论证的基础上，此课题于2012年12月经学校教育科研领导小组评审后立项开展研究，2013年8月和2013年12月分别被批准为阳山县第八批和清远市第十四批教育科研立项课题。

（二）实施阶段：2013年1月—2015年12月

1. 定期开展实验研讨交流活动，提高实验研究效果。

以课堂教学为主阵地，切实开展课题的实验研究。课题组每月召开例会和不定时的小组研究会，经常学习交流有关课题的理论学习体会，开展说课、集体备课、承担实验课、评课等教研活动，使教师的教学水平和教研能力得到了提高。课题组成员每学期至少撰写一篇教学随笔和与课题有关的总结论文。

2. 强化学生的素材积累意识，指导学生积极积累写作素材。

不断引导学生从课内阅读、课外阅读、生活三方面积累写作素材。三年级着重从课内阅读积累素材，每课写好读书笔记，摘抄优美句段，写小练笔，培养学生的语感，积累优美规范的语言；四年级主要从课外阅读积累素材，开放学校的图书室、阅览室，逢星期二、星期四最后一节课，带领学生到阅览室阅读，并指导学生做好读书笔记，课后还可以借书阅读，为学生提供充足的阅读材料和一定的阅读时间，扩大学生的知识面，积累作文素材；五年级主要从生活中积累，引导他们留心观察生活，把他们的观察点引向家庭生活、校园生活、社会生活和田园景象等，并激励他们及时记下自己的所见、所闻、所感，有意识地记录生活中的作文素材。

3. 开创多种平台，指导学生运用积累的写作素材。

开设专题讨论课，开发作文资源，充分重视积累，通过学生思维能力的提高和情感道德修养的培养，为写作能力的良性发展提供雄厚的资源基础。我校开设了“故事会”“朗诵比赛”“手抄报比赛”“每日一段”“每课一练”“现场作文比赛”“素材积累评比活动”等活动，为作文素材积累提供了丰富的资源，为学生写作提供了很好的平台；创办了学生的《优秀作文集》以刊发学生的作文，为检验学生积累、运用素材提供了平台。

（三）总结阶段：（2016年1月—2016年7月）

本阶段主要任务是整理实验的各种研究材料，收集与整理实验成果。课题组成员既要继续按课题要求开展常规研究活动，又要进行实验的分析总结，整理相关资料，撰写专题论文、实验总结等。我们把比较优秀的教学案例收集整理成册；好的经验文章编成论文集；整理优秀的课件、优秀的课堂实录，并把它刻录成光盘，日后供老师使用。课题组成员对所有材料进行整理归档，迎接课题的验收。

八、研究的主要成效

（一）探索出积累与运用作文素材的有效方法与途径

1. 小学生作文素材积累的方法。

（1）掌握基本积累方法。摘抄法：在阅读中遇到一些优美的语言、生动的事例、深刻的哲理，可把它们摘抄下来，如果是属于自己的报纸，可把全文剪下来，贴在专门的剪辑本上。改写法：看完全文后，尚觉意犹未尽，可进行改写。对长文可概述其梗概，进行缩写，对短文扩展其细节或局部，进行扩写；还可变换人称写；也可从另一种思考角度改变原文，进行创新性的改写。叙述法：对生活中发生的各种事情，要争取把它们的来龙去脉弄清楚，用文字按其本来面目记录下来，这是大多数记叙文的雏形，以后只需略加修改提炼即可成为一篇记叙文。批注法：接触一篇新的文章，对自己感兴趣的、认为写得好的句与段进行圈点，在字里行间释词释义，予以批注，写上一两句对该段的理解和评价。长期坚持，不仅能促进阅读能力的提高，也必然能在潜移默化中丰富了写作技巧的积累。

（2）坚持写好《读书笔记》《美文摘抄》《心语录》。

（3）坚持进行“每课一练”“每日一段”“每周一篇”的训练。

2. 小学生作文素材积累的途径。

（1）从生活中积累素材。学生通过对生活中的某些人物、某些事情、某个场景、某个事物、某种观点进行认真的感受、审察和分析，并写下相关文字来积累素材。

（2）从课文中积累素材。课文中有很多内容可以作为学生作文的素材，在阅读教学中有意识地引导学生从中积累教材，从而使自己的写作素材源源不断。

（3）从课外阅读中积累素材。课外阅读是丰富学生的语言积累，提高语言表达水平的重要途径。培养学生养成坚持读课外书，并从佳作名篇中汲取营养，丰富写作素材。

3.指导小学生灵活运用所积累的素材进行写作训练的方法。

（1）读写结合，以读促写。在课堂教学中，教师借助教材特点，将阅读与写作紧密结合起来，让学生在积累作文素材的同时学会运用。

（2）由说到写，以说促写。培养学生说的能力，再让学生“我手写我口”，把口语转变为书面语。

（3）运用素材，坚持练写。指导学生把平时积累的素材运用到平时的写作当中，坚持练笔。

（4）选择素材，即兴创写。选择一定的素材，指导学生进行创设性写作。

（二）提高了习作教学效益

三年多的实验研究，在该课题的指导下，我们的习作课堂教学发生很大的变化。习作课堂上，学生的自主性得到充分的发挥，师生互动、生生互动积极有效，课堂氛围富有生机。学生课后积累素材的愿望高，实践能力得到锻炼。

1.习作教学融入阅读教学课堂中，做好素材积累与运用的引导。

大多学生作文时所表现出的共性是“眼前闪烁着事物的形象，笔下却形容不出来”，所以在实际教学中，我们把作文教学贯穿整个语文阅读教学的始终。每篇课文就是很好的范作，学生在反复阅读的基础上，提示学生注意人家是怎样开头、怎样搜集和组织材料、怎样遣词造句、怎样结尾的。积累书本中的材料，积累遣词造句、选材与立意、层次与段落、详写与略写、开头与结尾、过渡与照应等写作技巧，让学生做到多读精思，举一反三。

2.习作教学突破传统教学模式，做好素材积累与运用的训练。

（1）在试验中，我们一改过去传统的作文教学模式，写作文时只布置作文题目，就让学生自己去写的做法，而是在每次写作前，进行作文引导，让学生各抒己见说出符合本次作文的素材，让学生从中比较分析素材的优劣，并受到启发。这样引入的材料更符合主题，更有针对性。这样的作文课显得新颖有趣，课堂气氛活跃，学生学习上表现出较强的主动性，激发了学生的写作热情，把学生引向热爱写作的境地。

（2）在作文教学过程中，教师着重分析获取先进经验的方法，让学生实际体验，然后内化成自己的经验认识，再让学生交流自己这些方面的经验。比如，我们把从剪报、摘录、采访中得来的素材予以梳理、归类，不断地补充、交流，日积月累，每个学生都有了厚厚的一个素材本；在丰富语言方面，我们摘录名言佳句，化用诗词，最主要的是通过平时写短评、写感悟、编笑话等形式，在运用中积累语言，丰富语言。

（3）在作文教学过程中，教师注重改变评改模式。在作文教学时，有计划、有目的地引导学生学习评价、鉴赏的方法，培养其相关能力，运用所学的知识，进行针对性的修改。具体做法，教师分两步走：①开设作文评析课。挑选优秀的学生作文引导学生自己分析、评价文章的优点、缺点，并交流、讨论，形成共识，作为借鉴的典范；拿出学生不成功的作文，师生共同分析文章的不足，找出修改方案；拿出优秀作文，有针对性地进行赏析、评价，从中去感悟、借鉴别人成功的经验和方法，强化学生的评改意识和能力。②开设计作文修改课，形成师生互动的模式。修改侧重于审题、立意、构思、语言方面的修改，在修改中融入自己的感悟、借鉴和创新的东西。

（三）提高了学生的综合素质

1.在各实验班的老师和学生的积极参与下，明显地看到，实验班的学生更加爱积累、爱讨论有关涉及身边生活的素材了，部分同学已经形成留心观察的习惯，有效地提高了学生积累、运用素材的能力，极大地激发了学生写作的兴趣。其效果如下表所示。

表1　实验班学生对写作兴趣、素材积累检测状况前、后比较

选项	对写作有兴趣	对写作不感兴趣	无积累素材习惯	经常摘抄积累素材	经常运用所积累素材	不会使用素材
实验前	36%	64%	85%	15%	23%	77%
试验后	75%	25%	26%	74%	72%	28%

结果表明：实验班的学生更爱上语文课、更爱读书、更爱写作了，相当一部分学生已经形成了良好的读书习惯。如六（1）班的欧宇晴同学说，每次读书，肯定要做好摘抄、写读后感，写作能力因此提高了不少。

2.通过三年来的研究，着重引导学生加强课外阅读，拓展了素材积累的途径，注重收集与写作相关的资料，增强了学生在各种场合学语文、用语文的意识，提高了学生作文能力。实验班的学生作文能力比非实验班的明显要强，其效果如下表所示。

表2　2015春季学期期末考试学生作文水平对比

项目	参考人数	优		良		中		差	
		人数	%	人数	%	人数	%	人数	%
实验班六(1)班	22	8	36%	8	36%	5	23%	1	5%
对照班六(2)班	23	4	17%	6	26%	10	43%	3	13%

3.通过课题研究，学生们的作文能力得到有效提高，个性特长得到充分发挥，阅读水平得到明显的进步。通过实验证明了小学生作文素材的积累与运用的教学是有必要和有意义的。实验的测试分析表明，学生经过三年的与写作有关方法的教育，无论是对作文素材的积累、写作运用方面，以及实践探究能力等方面都有较大的提高，学生学习能力和综合素质由此得到大幅度提高。实验班的语文学习成绩和学习能力明显优于对照班和全镇平均水平，其效果如下图。

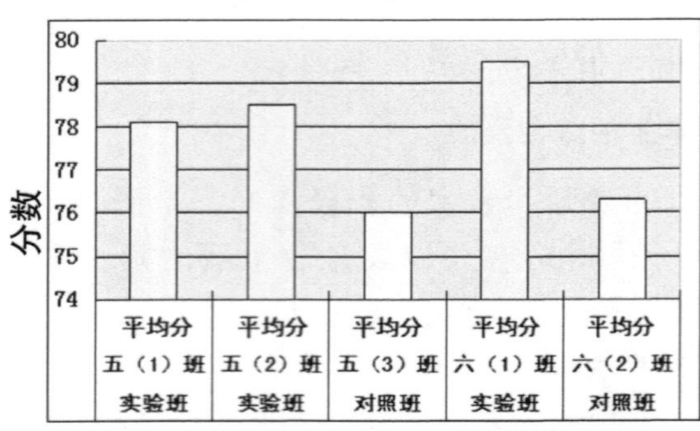

实验班、对照班后期教学成绩对比分析

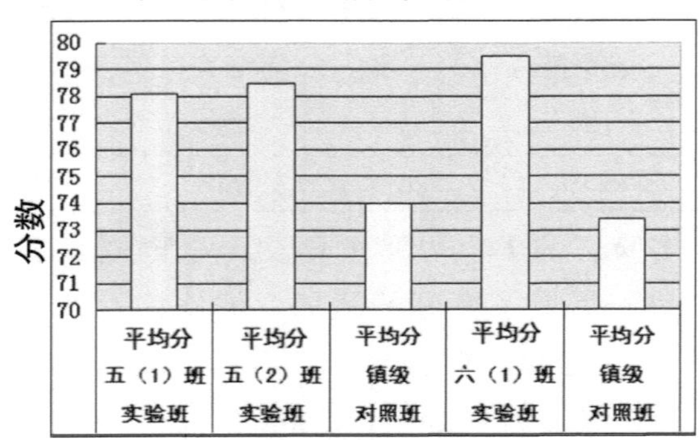

实验班、镇级后期教学成绩对比分析

实验班与对照班、镇级语文教学成绩对比分析图

（四）有效促进实验教师专业成长

三年多来，在课题研究的过程中，我们课题组成员在教研组的活动中，争取通过多种途径亮出我们自己课题研究的成果，数十次开设课题研究课，“立靶子，树典型”，不怕犯错，大胆实践，请同仁们批评指正，以促进课题研究的深入。同时，积极参加阳山县青年教师基本功比赛、优质课例比赛等，荣获县二等奖1人次，三等奖1人次；促进了教师的成长，其中1人被评聘为语文小学高级教师（副高级）；三年来课题组教师获得省级荣誉1人次，县级荣誉6人次，镇级荣誉2人次。

理论从实践中来，在参与课题的研究活动中，全组教师积极撰写教学论文，教研能力有很大提高。实验教师所撰写的论文中，获省级奖励6篇，市级奖励4篇，获县级奖励1篇，镇级奖励5篇；1篇在国家级刊物发表，多篇在全镇范围内交流。

（五）促使成果初步形成和总结推广

在研究的过程中，我们还善于把研究成果在校内以至全镇推广，在2015年5月我们还举行课题成果推广交流会，用上研究展示课例和开设习作教学经验讲座的形式向全镇的语文骨干教师及推广我们的研究成果，得到与会者的一致好评。我们编印了《教师优秀论文集》《教师优秀教学设计集》《“每课一练”习题集》《学生优秀作文集》《优秀课例（实录）》，其中一部分已成为校本教材。现在，作文素材的积累与运用的方法与途径已辐射到全镇的习作教学中。

九、课题研究过程中存在的问题及思考

通过几年来的实验研究，对学生写作素材的积累与运用的方法、途径、措施、教育效果等方面进行了有益的探索，我们得到了一些有价值的结论，积累了一定的经验，对如何在作文教学中指导学生进行写作素材的积累与运用有了更成熟的方法。但由于我们的经验水平有限，又缺少足够的理论指导，因此存在不少有待进一步研究的问题。

（一）指导学生积累写作素材途径多样化落实起来比较困难

如对我们山区学生，他们从网上、报刊、影视、专著中收集积累资料较难，从生活中积累素材的能力较薄弱，所以有部分学生产生了

畏难情绪，影响了其积累素材的积极性。作为教师我们一定会想方设法为学生创设更多积累的平台，并从心理上多鼓励学生，让学生克服这种畏难情绪是我们今后努力的方向，我们会继续努力探究。

（二）理论与实践的结合还不够紧密

例如，如何指导学生将积累到的素材及时地运用到写作中去，如何引导学生做好课外练笔，教师如何做好课外作文指导。今后我们要进一步加强老师的理论学习，继续通过更多的实践活动去探索。

（三）教师如何做好作文素材的点评有待研究

学生所运用的素材不尽相同，学生的语言表达能力也参差不齐，如何做好作文后指导，这有待我们老师的进一步探讨。

为了今后更好地开展作文教学，我们将本着“科研课题日常化，课改培训理论化，教研活动深入化”的工作理念，更加努力地进行深一层的实践与研究，更好地提高作文教学的质量，同时再带动学科组的更多老师开展课题研究，以便更好地提高学生的语文水平。

“‘双减’背景下习作单元项目式学习的实践研究”课题实验方案

一、课题的提出

（一）“深化教育教学改革全面提高义务教学质量”和落实“双减”政策的需要

2019年6月23日中共中央、国务院发布《关于深化教育教学改革全面提高义务教育质量的意见》，提出要“优化教学方式。……融合运用传统与现代技术手段，重视情境教学；探索基于学科的课程综合化教学，开展研究型、项目化、合作式学习。”项目式学习是新一轮课堂变革的热点之一，成为撬动学校改革、形成五育融合新样态的支点与特色。

为深入贯彻党的十九大和十九届五中全会精神，切实提升学校育人水平，持续规范校外培训，有效减轻义务教育阶段学生过重作业负担和校外培训负担，2021年4月8日教育部办公厅发布《关于加强义务教育学校作业管理的通知》，2021年7月24日中共中央办公厅、国务院办公厅印发《关于进一步减轻义务教育阶段学生作业负担和校外培训负担的意见》，要求各地区各部门结合实际认真贯彻落实，大力提升教育教学质量，确保学生在校内学足学好。教师们应该更多地把关注点放在孩子的课堂效率与质量上，也就是“向课堂每分钟要效率要质量”。有研究表明，项目式学习能够促进教师课堂教学方式的变革，引发学生学习方式的变革，学生学习的主动性更强，教师活动设计更加多元，从而提高课堂效率。

（二）落实小学语文课程标准的需要

《义务教育小学语文课程标准（2011年版）》指出：“语文课程致

力于学生语文素养的形成与发展。语文素养是学生学好其他课程的基础，也是学生全面发展和终身发展的基础。”“加强语文课程内部诸多方面的联系，加强与其他课程以及与生活的联系，促进学生语文素养全面协调地发展。”“语文课程是实践性课程，应着重培养学生的语文实践能力，而培养这种能力的主要途径也应是语文实践。”“应拓宽语文学习和运用的领域，并注重跨学科的学习和现代科技手段的运用，使学生在不同内容和方法的相互交叉、渗透和整合中开阔视野，提高学习效率，初步获得现代社会所需要的语文素养。”

审视目前的习作教学，语文教育核心素养的落实还存在着诸多问题：学生学完课文内容进入习作阶段，依旧不会借鉴课文中的语言表达、思维方式、审美意识和思想感情等内容，不能将其迁移到自己的写作实践中去；教师在单元教学完成后，盲目进行写作训练，提炼不出素养点进行习作指导；习作教学仅仅局限在语文学科，缺少与其他学科的跨界融合，学生的学科综合素养得不到进一步提升；学生习作缺少真实情境的再现，习作素材贫乏、习作目标模糊、习作体验浅表，素养落实如蜻蜓点水，浅尝辄止。目前习作教学迫切需要核心知识和素养的引领，需要真实生活情境的介入，需要在习作实践活动中建构完整的素养体系。项目式学习有利于消除目前习作教学的弊端，让语文核心素养真正落地。基于此，我们尝试根据统编教材的特点，在习作单元中融入项目式学习来推进习作教学，将语文课堂教学与学生社会生活内容相结合，与课外活动相结合，与综合实践相结合，在习作实践中实现学生学科知识建构、问题解决能力提升及语文核心素养的发展。

（三）发挥统编版教材编写特点优势的需要

2019年秋季学期，全国逐渐推广统编版语文教材。可以看出，统编教材在编写理念、内容设置、体例结构等方面进行了完善和创新。在内容设置中，最具凸显的一大亮点是“双线组元”单元结构的编排方式，较之以前的单元导语有了更深入的理解。“双线组元”分为两条线索，一条线索是“人文主题”，一条线索是“语文要素”，将这两者相结合，共同编排单元内容。其中，统编版教材编排的习作系统变化较大，这是前所未有的一次创新，习作系统独立成体系，打破了一直以来附庸于阅读的局面。单设习作单元，以一个单元为整体集中训练某项习作核心要素，读写结合要求更强，习作指导要求更具体。统编语文教材中采用“双线组元”无疑是一大创新，能够克服传统的仅仅通过“人文主题”进行编排的单一方式的缺陷，最终指向“双线组元”的方式，能够将学生身心发展的特点考虑进来，按照知识的逻辑顺序和心理顺序，遵循语文教学规律，落实工具性与人文性相结合的目标。但是，从目前课堂教学情况来看，许多教师在设置单元教学目标时，有的突出知识的掌握，有的突出学习方法的掌握，有的突出主旨的把握，割裂了整个单元的目标，这将不利于学生系统、高效地掌握单元内容。

项目式学习可以发挥统编教材编写优势，更加新颖、系统、深刻地贯彻统编教材新理念、新思路，将“双线组元”编排形式理念引入到一线教师教学方式中，引领教师进行单元教学结构的统整和完善，把握单元教学重难点，创新单元新局面。通过对统编教材内容深入解读，准确把握教学目标，统整单元教学过程，将“双线组元”这一编排理念融入项目活动学习中，最大化地为单元整体教学提供基础与保障，使教学最终指向学生语文核心素养的实现。

（四）改变当今山区作文教学落后现状的需要

在国家义务教育教学质量监测和清远市教学质量抽测结果反馈中，可以看到我们山区学校与省城学校的教学质量差距颇大。在此情形下，我们进行了师生问卷调查与教师访谈，从相关数据中分析折射出我们山区学校作文教学的短板主要是由以下几个方面造成的。首先，学生写作的兴趣影响着小学生写作水平的提高和发展。从与学生的接触中发现，绝大多数学生都觉得写作文实在是一件令人烦恼的事或是为了完成老师布置的写作任务。其次，教师教学方法平淡枯燥，缺乏具体的针对性。教师不知道如何开展教学，教学过程“重结果，轻过程；重纪实，轻想象；重课内，轻课外；重批改，轻讲评”，导致学生的创造性得不到很好的发展，制约了学生习作水平的提高。三是学生阅读面狭窄，积累不足。由于课时的限制，老师很少在课堂上花费时间给学生阅读课外书，课后学生自觉看课外书的时间又少，农村的孩子很少出去旅游，见到的、想到的东西就没有城市里的孩子那么的丰富，这样长时间容易造成知识面窄，生活枯燥，积累不足，缺乏必要的写作素材，最终导致写作能力弱，从而写作时“无话可写”或“有话写不出”。

针对这种情况，我们对习作单元、项目式学习进行了研究分析，意在以此为切入点突破习作教学的困境。我们在知网、维普网等网站查阅了大量的文献，阅读了《PBL项目式学习》《项目式教学》《项目式学习的教学研究与实践》《单元整组，读写融学》等书籍，聆听了2018年11月第一届学习素养·项目式学习峰会的“学习素养与课程教学创新”“学科与跨学科项目式学习”和“学校项目式创新探索”三个主题汇报，观摩了2021年12月教师核心素养国际研讨会暨第二届全国项目式学习论坛以及“课改行”等公众号相关线上讲座；参加了北京师范大学项目学习课题组线上培训，并在2021年秋季学期的教学实践中摸索尝试。例如，在五年级第一单元我们就初步尝试了项目式学习，在单元预习课设置驱动任务“开展我心爱礼物展示会”，让学生择选自己最心爱的礼物，通过精读课文的学习习得表达方法，在交流平台中总结交流方法，在习作课上完成习作，最后举行心爱之物展示会。虽然是粗浅尝试项目式学习，但发觉学生学习兴趣浓，学生最终呈现的作文与往常有很大的提高，对不同类型的学生，尤其是被大众称之为“差生”的学业成绩不佳的学生产生了积极的影响。在全国小学语文主题学习单元集备展示中，我们选择了四年级上册习作单元的内容，进行了单元分析与《麻雀》《爬天都峰》精读课文展示，教师运用任务驱动贯穿课堂，融入信息技术支架拓宽学生视野，学生学习效果良好，获得华樾教育总部的好评。主持人撰写的论文《聚焦习作单元，探寻教学策略》获阳山县优秀论文评比一等奖；讲座《统编版小学语文习作单元分析及教学建议》在韶关市浈江区实验小学分享，获得好评；讲座《探寻习作单元的教学策略》在连州市保安镇中心学校进行分享，引起与会教师共鸣。

项目式学习其独有的综合性、实践性、开放性、体验性、共享性，冲击着传统的教育思想、观念、方法、模式。高质量的项目专注于核心概念，反映学科核心内容与外部世界的关联，是强调真实性、应用性、逻辑性的学生主动学习。在习作单元教学中，教师们若能以学生为主体，运用项目式学习方式，让学生思考与实践融合、体验与共享融合，定能突破习作教学中的瓶颈。

基于以上分析，为了推进山区小学语文习作教学改革的进程，提高教师的专业素养，促进学生语文核心素养的发展，全面提高学生的语文综合能力，现提出“‘双减’背景下习作单元项目式学习的实践研究”课题，试图以项目式学习理论为基础，结合已有的相关经验，将项目式学习与单元整体教学相融合，充分发挥统编教材优势，打破传统的教学模式，通过设置驱动性问题、实施具有真实性的实践活动、学习成果的汇展和活动评价等环节激发学生的习作兴趣，丰富学生作文素材，提高学生习作水平，从而培养其语言建构与运用、思维发展与提升等语文核心素养。

二、课题的界定

（一）习作单元

为了加大习作在小学语文教学中的分量，使习作教学更具系统性、针对性和可操作性，除了在阅读单元有序地安排习作训练外，统编教科书还按照学生习作能力发展的规律、序列，在三至六年级每册教科书安排了一个习作单元，以突破习作教学的重点难点，加重习作在统编教科书中的分量，力图使学阅读与学表达均衡发展。各册教科书具体内容安排如下：三年级上册——留心观察，三年级下册——展开大胆的想象，四年级上册——把一件事情写清楚，四年级下册——学习按浏览的顺序写景物，五年级上册——运用说明方法介绍一种事物，五年级下册——运用描写人物的基本方法把人物特点写具体，六年级上册——围绕中心意思写，六年级下册——表达真情实感。

习作单元自成体系。一个习作单元，紧密围绕培养学生的某一习作能力主线，由两篇精读课文、一个“交流平台”和“初试身手”、两篇习作例文和一次习作组成，形成一个各项内容之间环环相扣，体现出整体性和综合性的单元整体。这些板块“五位一体”，全部指向“写作”，以一次完整的写作任务作为最终的达成目标。贯穿在其中的核心就是本单元具体而真实的、支撑目标达成的“写作知识”。精读课文注重引导学生体会课文在表达上的特点，学习课文的表达方法，在理解内容、积累语言方面不多做要求。习作例文，顾名思义，进一步说明写作方法，便于学生仿写。“交流平台”是对本单元的习作方法与策略进行梳理和归纳。“初试身手”提供一些片段练习或实践活动，让学生试着用学到的方法练一练。习作，学生在充分获得感性认识的基础上，运用学到的习作方法，进行习作练习。

（二）项目式学习

所谓项目式学习（Project-based Learning，简称 PBL），是一种以学生为主体，链接真实世界的事件，在一段时间内，团队共同解决一个复杂问题或完成一项综合性任务，学生经历全过程，通过亲身体验、深刻理解来获得核心素养发展的一种学习方式。

项目式学习是当前学习方式的一种重要补充，包括学科内综合和跨学科综合的项目，核心要素是基于核心课程知识开展学习，学生在真实的生活情境下解决问题，学生在实践活动中建构自己的知识体系。典型特征是综合性、复杂性、实践性、开放性、体验性等。五个基本环节依次是选择项目、设计方案、完成项目、交流展示、评价改进。

学科项目式学习是基于学科中的关键概念和能力的项目式学习。它将项目式学习的设计要素融入学科教学，将低阶认知“包裹”入高阶认知，在不降低学科学业成绩和保证基础类知识与技能不损失的情况下，通过项目式学习的设计同时培育学生的问题解决元认知、批判性思维、沟通与合作等重要的能力。

（三）习作单元项目式学习

习作单元项目式学习是将项目式学习融入小学语文习作单元教学中，以项目驱动问题为引领，以项目任务整合习作单元学习内容，以项目活动重构习作单元教学活动，破解习作单元整体教学实施中遇到的问题。在此过程中，一是紧扣课标，强调综合同时重视学科知识的重要性；二是学生主动学习，教师从知识的传递者变为项目式学习的规划者、引导者和支持者；三是以课堂为主阵地，注重学生实际获得。

习作单元项目式学习强调围绕教学目标设计具有挑战性的项目学习任务让学生在真实情境中通过亲身体验、深刻理解来提高习作能力，突出项目成员的探究与合作，关注项目学习成果与学习评价，培养学生探究意识和高阶思维。

三、课题研究的内容

（一）课题研究的基本内容

1.“双减”背景下习作单元项目式学习活动方案设计的实践研究。

对活动前如何优化方案进行研究。通过实验教师的实践，设计出三至六年级语文习作单元（每册教材编有一个习作单元，共8个）的强调任务型、结构化，凸显探究性与高阶思维的项目式学习活动方案。拟从以课堂为主阵地，根据学生的认知发展水平，结合统编教材习作单元的编排特点，把握习作单元整体目标，设置有效驱动任务，合理安排课时等方面，设计并优化活动方案。

2.“双减”背景下习作单元项目式学习活动开展的实践研究。

对活动中如何扎实开展活动进行研究。主要以项目式学习理论为基础，结合已有的相关经验，将项目式学习与单元整体教学相融合，构建语文单元项目式学习课堂模式，开拓单元整体教学新方法，促进教学过程的最优化，打造习作单元实效课堂。

（1）探索小学语文习作单元项目式学习课堂模式的构建。

（2）探索小学语文习作单元项目式学习的教学方法。

3.“双减”背景下习作单元项目式学习活动评价的实践研究。

对活动后如何有效评价进行研究。拟从以下方面探索习作单元项目式学习的有效评价方式：从过程来看，要评价学生学习的投入程度，包括专注度、参与的深度和广度；从合作来看，要评价学生小组内分工、合作的水平，对团队的贡献程度；从结果来看，要评价学生阶段性收获、成果和继续学习的愿望。

（二）课题研究的重点、难点

1.研究重点：“双减”背景下习作单元项目式学习活动开展的实践研究。

2.研究难点：“双减”背景下习作单元项目式学习活动评价的实践研究。

四、同类课题研究状况

通过研究文献发现，近几年项目式学习引起许多研究者的广泛关注，文献数量不断增多，且逐渐与学科相结合。从已有文献数量及其发展趋势来看，项目式学习具有很大的研究价值与空间，将其与语文学科相结合更是迫在眉睫。通过细致分析与整理，目前关于项目式学习的研究可以概括为以下内容。

（一）国外研究

项目式学习法是目前风靡全球的一种以学生为中心的教学方法，国外许多中小学已经用这种方法代替了传统的教学法。项目学习的思想萌芽起源于欧洲的劳动教育思想。20世纪初，在美国受到关注并蓬勃发展，形成了比较完整的理论体系，并将其应用于实际的教学中。最早提及项目学习概念的是美国教育家杜威，1918年9月，他在哥伦比亚大学《师范学院学报》第十九期上发表了《设计教学法：在教育过程中有目的的活动的应用》一文，明确了项目学习的思想是让学生通过实际活动去学习，并认为知识只有通过行动才能获得。目前基于项目学习，在国外也应用得很多，处于一种很备受推崇的教学模式。在美国，基于项目的学习是其开展研究性学习的主要学习模式之一。国外关于基于项目学习研究成果丰富，理论已经基本成熟，实践的例子也很多，尤其值得关注的是他们在应用方面取得的进步，从其研究发展看，最初关注的是基于项目的学习本身及其应用，然后关注基于项目学习中的学科融合的应用。

（二）国内研究

国内“项目学习”的理论实践有两个来源，一个来源于普通教育的研究性学习，一个来源于职业教育的行动指引。在五四运动时期，“项目”的研究开始传入中国，到了1927年，克伯屈到中国进行讲学，使项目教学法得到了大力倡导，进入到中国学者的研究中，比如深受项目教学法启示的张伯苓先生，将这一新型理念在南开小学先行试点，随后陶行知将这一理念在他创办的晓庄学校里进行了实施。1999年第十二期《中国培训》以“项目学习法——一种有益的尝试”为题撰文三百五十字介绍了项目教学法在企业培训中的效果，2000年《职教论坛》以《国外执教的教学方法》一文将项目学习介绍到我国职业教育领域，此后有关项目学习的研究逐步渗透到我国的基础教育、职业教育、成人教育以及高等教育等各个教育领域。2001年4月，教育部印发了《基础教育课程改革纲要（试行）》（教基〔2001〕17号），把综合实践活动作为必修课程实施，明确了综合实践活动的地位，主要是为了提高学生的研究能力，培养学生的创新精神，使学生能够形成游刃有余的解决问题的能力。此后，项目学习逐渐成为中小学倡导的新型教学方式，得到了广泛应用。伴随着项目学习的应用和推广，教育研究者将焦点转向项目学习，有的研究者以项目学习的价值与意义为出发点进行研究，有的研究者以项目式学习的实施与操作流程为切入点，最终都是认可项目式学习的价值，并探索如何更有效的让项目式学习的理念发挥最大效果。2019年6月23日中共中央、国务院发布《关于深化教育教学改革全面提高义务教育质量的意见》提出要“优化教学方式。……融合运用传统与现代技术手段，重视情境教学；探索基于学科的课程综合化教学，开展研究型、项目化、合作式学习”。项目式学习逐渐与学科相融合，在语文学科领域已有相关研究，关于项目式学习与习作单元相融的实践研究较少。基于此，我们以项目式学习理论为基础，结合已有的相关经验，将项目式学习与习作单元相融合，积累项目式学习实践经验，开拓习作单元教学新模式，为一线语文教学提供借鉴。

五、课题研究的主要目标

通过课题研究，在习作单元中融入项目式学习来推进习作教学，充分发挥统编教材优势，将语文课堂教学与学生社会生活内容相结合，与课外活动相结合，与综合实践相结合，在习作实践中实现学生学科知识建构、问题解决能力提升及语文核心素养的发展；立足课堂教学，关注学生的“学”，引领教师的“教”，探索习作单元项目式学习在课堂内外培养小学生良好的语文学习习惯和品质，发展山区小学生语文核心素养和提升学习实效的教学方法，从而提高课堂效率。

（一）教师方面

通过实验，希望教师在以下几个方面有明显提高：

1.科研、理论水平。

2.语言表达能力。

3.课堂调控能力。

4.项目式学习教学方法。

5.课堂教学艺术。

（二）学生方面

通过试验，希望实验对象在以下几个方面有明显提高：

1.习作兴趣。

2. 习作能力。

3. 学习习惯。

4. 学习成绩。

5. 语文核心素养。

6. 高阶思维能力。

（三）学校、工作室方面

通过实验，希望学校、工作室在以下几个方面有明显提高：（1）有操作性比较强的习作单元项目式学习的教学方法或校本教材让小学语文教师使用；（2）使得学校的教研氛围更为浓厚，教育科研走在全县的前列；（3）增强工作室的辐射、引领、示范作用，课题研究成果为农村和边远地区学校提供学习资源，加快缩小城乡教育差距。

六、课题研究的意义

（一）理论意义

首先，为当前单元整体教学“为考而教”“浅表化教学”“碎片化教学”提供一种新型的教学方式，适应21世纪以素养为导向的课程改革的需要，通过将项目式学习融入小学语文习作单元教学中，运用项目式学习设计的步骤进行习作单元整体教学的设计，对学生语文核心素养的培养起着极其重要的作用。

其次，本研究通过查阅大量的参考文献，对国内外有关习作单元教学、项目式学习的相关研究进行深入研究与分析，明确了项目式学习的理论基础和核心要素，使一线教师对项目式学习有更加深刻的认识与思考，并结合相关实践对项目式学习在小学语文习作单元教学提供针对性的应用策略。

再次，本研究基于小学语文统编教材“双线组元”单元结构形式的调整与变革，以统编教材中的单元为研究对象，以项目式学习开展习作单元教学，提出了习作单元教学设计比较新颖的研究角度和界定。

最后，本研究提出了如何将项目式学习应用到习作单元教学中的实践，使小学语文课堂教学焕发新的生机，这不仅有利于破解习作教学中存在的问题，而且丰富了学生的学习方式，助推习作单元教学的有效实施。

（二）实践意义

本研究将项目式学习应用到习作单元教学中，并探讨更为具体的习作单元教学设计问题。首先，从教师角度来讲，项目式学习作为一种新型的学习方式，能够让一线教师将项目式学习理念运用到语文教学中，开拓语文学习新路径、新模式，帮助一线教师解决习作单元教学的一些困惑与问题，根据小学语文单元项目式学习操作流程实施教学实践，对教学进行不断反思和改进，对教学的理解和把握不断精进，将语文课堂变成生机而有活力的课堂，提升教师对语文课程的领导力。

其次，从学生角度来讲，学习可以呈现出不同的样式和形态，学生在真实的问题解决中学会使用知识和创造。通过这种新颖的学习方式，有利于帮助学生激发对语文学习的兴趣，改进语文学习方法，提高学生学习的动机。

最后，本研究工作由曾月容小学语文主题学习名师工作室的成员承担。课题研究有利于成员在实践研究过程中提高教学水平和科研水平，促进成员的个人成长，增强工作室的辐射、引领、示范作用。课题研究成果为农村和边远地区学校提供学习资源，有利于缩小城乡教育差距。

七、课题研究方法

1. 问卷调查法。做好师生问卷调查工作，对教师的教学方式和学生的兴趣、习惯、学习方法进行采集、比较，为实验开展提供数据支撑。

2. 文献研究法。搜集、参考与“习作单元项目式学习”有关的素材，为实验开展提供有力的理论支撑。

3. 探索研究法。以实践行动研究为主，先提出理论假设，然后展开行动研究，在行动研究中验证理论假设，最终提炼成理论。一边探索一边行动，从实际问题出发，通过研究、实践，解决问题，更透彻地理解理论，进一步指导实践。

4. 个案分析法。对典型个案进行连续的调查跟踪，研究其发展的变化，分析他们在实验中的表现，针对存在问题，及时调整实验方案和研究策略。

5. 经验总结法。在课题实施过程中，实验教师坚持分析和思考，不断归纳总结，并将理论与实践形成有价值的文字。

八、开展课题研究措施

1. 课题组负责制定课题实验研究计划和实验方案，并在实验过程中不断修改和完善实验方案。

2. 充分利用广东省名教师工作室以“项目式学习”为主题研究、北京师范大学项目式学习课题组专家指导的资源，全过程采用“请进来，走出去”“线上+线下研修活动”以及“个人自学与集体培训”等方式，不断提高实验教师的科研水平，做到培训有针对性，内容有指导性，效果有显著性。

3. 加强实验班之间的横向交流，通过互听互评等形式取人之长、补己之短，不断改进和完善实验研究工作。

4. 每学期召开3次以上课题组成员会议，立足课堂，分享学习心得与体会，研讨实验出现的新问题，改进实验措施与方法。开展“四个一”学习，从“上、做、写、说”打造学习团队（即磨一节公开课、组织一次教研活动、写一篇县级以上获奖或发表的论文、讲一个校级或以上的专题讲座）。

5. 按计划分班开展课题实验探索课，撰写好实验课例、教案、反思、个案分析等材料，为实验研究寻找素材。

九、实验研究过程

本课题研究分三个阶段完成，研究周期为2021年6月至2024年6月。

（一）准备阶段：2021年6月至2021年12月

1. 调查研究。对学校语文教师和任教班级的学生开展问卷调查，了解其关于学科的教学及学习现状。

2. 理论研究。查阅相关资料，了解国内外开展的学科融合相关动态，确定研究方向与目标。

3. 成立课题领导机构，确立课题组成员，制定实验方案，选定实验班级。

4. 召开课题组成员会议，组织课题组成员学习、研究相关的理论，为开展实验研究做好准备。

5. 制订准备阶段实验研究计划，撰写总结。

6. 申报清远市课题立项。

（二）实施阶段：2022 年 1 月至 2024 年 1 月

1. 编制课题实施方案，制订实施阶段实验计划。

2. 组织和指导实验教师开展实验教学。

3. 定期组织实验教师上好课题研讨课、公开探索课和示范课，组织实验教师开展课题交流和成果推广活动。

4. 做好实验资料收集工作。把学生作文集、小练笔集、习作绘本、生活实践习作素材视频、习作分享视频、微电影等特色教学活动材料，以及教学设计集、教学反思集、教学案例集、教学论文集、下水文、课件、微课、课堂实录等收集起来，定期归档。

5. 定期召开实验研讨会，总结经验和教训，撰写阶段性总结或相关论文。

（三）总结、推广阶段：2024 年 2 月至 2024 年 6 月

1. 制订第三阶段实验计划。

2. 对实验材料进行进一步的整理、分析和评估。

3. 撰写阶段性总结，撰写实验工作报告和结题报告。

4. 收集实验论文，将相关的实验论文、学生作品结集出版，推广课题研究成果。

5. 邀请专家指导，向有关部门申请课题结题验收。

十、预期成果

“‘双减’背景下习作单元项目式学习的实践研究”的课题实验方案

<table>
<tr><th rowspan="3">主要阶段成果</th><th>序号</th><th>研究阶段
（起止时间）</th><th>阶段成果名称</th><th>成果
形式</th><th>承担人</th></tr>
<tr><td>1</td><td>2021 年 6 月至 2021 年 12 月（准备阶段）</td><td>课题实验方案
调查分析报告</td><td>方案
报告</td><td>课题组成员</td></tr>
<tr><td>2</td><td>2022 年 1 月至 2024 年 1 月（实施阶段）</td><td>开题报告，中期报告，
阶段计划，阶段总结</td><td>报告
总结</td><td>课题组成员</td></tr>
</table>

续 表

<table>
<tr><td rowspan="4">主要阶段成果</td><td>序号</td><td>研究阶段
（起止时间）</td><td>阶段成果名称</td><td>成果形式</td><td>承担人</td></tr>
<tr><td rowspan="2">2</td><td rowspan="2">2022年1月至2024年1月（实施阶段）</td><td>学生活动报告，学生作文集，生活实践习作素材视频、习作分享视频</td><td>特色活动材料</td><td rowspan="3">课题组成员</td></tr>
<tr><td>习作单元项目式学习活动方案集、教学设计集、教学反思集、教学案例集、教学论文集、课件、微课、课堂实录</td><td>资源库</td></tr>
<tr><td>3</td><td>2024年2月至2024年6月（总结、推广阶段）</td><td>课题工作报告
课题结题报告
课题研究成果推广展板</td><td>报告
展板</td></tr>
</table>

“‘双减’背景下习作单元融合信息技术支架的实践研究”课题实验方案

一、课题的提出

（一）落实“双减”政策和推进信息技术与学科课程融合的需要

为深入贯彻党的十九大和十九届五中全会精神，切实提升学校育人水平，持续规范校外培训，有效减轻义务教育阶段学生过重作业负担和校外培训负担，2021年4月8日教育部办公厅发布《关于加强义务教育学校作业管理的通知》，2021年7月24日，中共中央办公厅、国务院办公厅印发《关于进一步减轻义务教育阶段学生作业负担和校外培训负担的意见》，要求各地区各部门结合实际认真贯彻落实，大力提升教育教学质量，确保学生在校内学足学好。教师们应该更多地把关注点放在孩子的课堂效率与质量上，也就是“向课堂每分钟要效率要质量”。

中共中央、国务院印发的《关于深化教育教学改革全面提高义务教育质量的意见》中提出：“推进‘教育+互联网’发展，按照服务教师教学、服务学生学习、服务学校管理的要求，建立覆盖义务教育各年级各学科的数字教育资源体系。加快数字校园建设，积极探索基于互联网的教学。”《基础教育课程改革纲要（试行）》也指出：“大力推进信息技术在教学过程中的普遍应用，促进信息技术与学科课程的整合，逐步实现教学内容的呈现方式、学生的学习方式、教师的教学方式和师生互动方式的变革，充分发挥信息技术的优势，为学生的学习和发展提供丰富多彩的教育环境和有力的学习工具。”《教育信息化十年发展规划（2011—2020年）》中对于如何让信息技术对教育发展真正产生出“革命性影响”提出了一种全新的途径和方法：“要充分利用和发挥现代信息技术的优势，实现信息技术与教育、教学的深度融合。”教育部主办的国家中小学网络云平台、广东省教育厅主办的粤教翔云数字教材、华樾教育集团主办的“一米阅读”App等网络平台提供了丰富的信息技术支架，利用其平台功能通过“点点用、改改用、创创用”以服务课堂教学，服务学生学习。

《语文课程标准》指出：“语文课程应植根于现实，面向世界，面向未来。迎头拓宽语文学习和运用的领域，注重跨学科的学习和现代科技手段的运用，使学生在不同内容和方法的相互交叉、渗透和整合中开阔视野，提高学习效率”“语文课程应该是开放而又富有创新活力的，应当密切关注当代社会信息化的进程，推动语文课程的变革和发展。”现代技术必须服务于教学，计算机辅助教学，是教育现代化的必由之路。信息技术的飞速发展改变了人们听、说、读、写的方式。就写作而言，由使用纸、笔写作变为了使用电脑写作，输入方式除了键盘输入、鼠标输入外还实现了语音输入。写作方式由单一纯文字手稿转向图、文、声融于一体的多媒体写作。写作过程由原来的构思—成稿—修改的线性静态结构，转向超文本的网状动态结构。语文教师要关注这些社会变化，从变化中寻找教育的契机，满足社会发展对学习者提出的新要求，搭建信息技术支架，让他们能够灵活运用信息技术表达自己思想情感。作为语文课程未来发展的必然趋势，我们只有积极地迎接这一挑战，并努力地探索信息技术与语文教学融合的新模式，语文教学才能获得新的生命力。只有主动应对这种变化，才能开辟语文课程新的发展空间。

（二）发挥统编版教材编写特点优势的需要

一直以来，习作教学都是小学语文教学的重点和难点。随着时代的发展和教育的进步，习作教学越来越备受人们重视，而当前习作教学依然面临困境，学生习作依然有困难，习作教学现状亟需改变。统编小学语文教材的出现迎来了习作变革的曙光，习作单元编排设置使得习作训练自成体系，实现“减时高效”，摆脱了阅读的束缚，同时注重学生习作能力的培养，对习作教学都有着重要而积极的意义和价值。但与此同时，习作单元的设置也给小学语文教师们带来了一定的挑战，教师对统编教材习作体系的把握程度，对习作教学来说至关紧要。因此，研究习作单元融合信息技术支架的教学策略，对进一步提高小学语文习作教学水平和习作教学质量具有重要的意义。

相比旧教材，统编版教材编排的习作系统变化较大，这是前所未有的一次创新，习作系统独立成体系，打破了一直以来附庸于阅读的局面。单设习作单元，以一个单元为整体集中训练某项习作核心要素，读写结合要求更强，习作指导要求更具体。一部分教师在拿到此教材看到习作体系的变化时，难免会有一些问题，可能会愁眉莫展，不知所措，对习作教学无从下手。一段时间内可能比较难适应新教材的变化，不知如何用好教材，拿捏不准教学目标等，这都给老师们带来一定的困扰和挑战。为了更好地使用教材，使习作单元发挥应有的作用，借助信息技术解决语文教师使用中的困惑、问题，现有意于研究统编小学语文教材习作单元的教学，尽可能地帮助一线教师们上好习作课，培养好学生的习作能力，达成习作目标。

（三）改变当今山区作文教学落后现状的需要

《语文课程标准》指出“语文课程应致力于学生语文素养的形成和发展”，而“写作能力是语文素养的综合体现”，作文教学的重要性是不言而喻的。然而，在目前的小学语文习作教学中，课堂教学仍然受到了许多客观因素的限制，在小学习作教学过程中，教师尝试着利用各种方法进行教学，学生也尝试着利用各种方式去学习，但是学习的效果并不理想，导致教师害怕上习作课，学生也不愿意上习作课，对习作课产生反感情绪。例如学生的学习水平不同，应试教育环境的影响，以及当前学校对于习作教学不重视等等，都会导致学生在学习的过程中效率比较低下，同时学生在写作时往往会感觉到无从下笔，写作往往是套模板式的写作，脱离了现实的生活，空话套话比较多，往往无话可说，内容比较空洞，抄袭的现象十分严重，不能够真正表达自己内心情感。

在国家义务教育教学质量监测和清远市教学质量抽测结果反馈中，可以看到我们山区学校与省城学校的教学质量差距颇大。从语文学科相关数据中折射出我们山区学校作文教学的短板，主要是由以下几个方面造成的。首先，学生写作的兴趣影响写作水平的提高和发展。从与学生的接触中发现，绝大多数学生都觉得写作文实在是一件令人烦恼的事或是为了完成老师布置的写作任务。其次，教师教学方法平淡枯燥，缺乏具体的针对性。教师不知道如何开展教学，教学过程“重结果，轻过程；重纪实，轻想象；重课内，轻课外；重批改，轻讲评”，他们的创造性得不到很好的发展，因而制约了学生习作水平的提高。三是学生阅读面狭窄，积累不足。由于课时的限制，老师很少在课堂上花费时间给学生阅读课外书，课后学生自觉看课外书的时间又少，农村的孩子很少出去旅游，见到的、想到的东西就没有城市里的孩子那么的丰富，这样长时间容易造成知识面窄，积累不足，缺乏必要的写作素材，最终导致写作能力弱，从而写作时“无话可写”或“有话写不出”。

信息技术以其独有的渗透性、开放性、共享性、交互性，冲击着传统的教育思想、观念、方法、模式。在课堂作文教学中教师们若能以学生为主体，运用信息技术这根充满威力的魔棒，定能给素质教育增添双翼，为小学作文教学插上腾空飞翔的翅膀，进而突破语文教学中的这一大瓶颈。

基于以上分析，为了推进山区小学语文习作教学改革的进程，提高教师的专业素养，促进学生语文核心素养的发展，全面提高学生的语文综合能力，现提出“‘双减’背景下习作单元融合信息技术支架的实践研究”课题，力图在习作单元教学中融入信息技术支架，充分发挥统编教材优势，优化教学方法，激发学生习作兴趣，丰富学生习作素材的积累，提高学生习作水平。

二、课题的界定

（一）习作单元

为了加大习作在小学语文教学中的分量，使习作教学更具系统性、针对性和可操作性，除了在阅读单元有序地安排习作训练外，统编教科书还按照学生习作能力发展的规律、序列，在三至六年级每册教科书安排了一个习作单元，以突破习作教学的重点难点，加重习作在统编教科书中的分量，力图使学阅读与学表达均衡发展。各册教科书具体内容安排如下：三年级上册——留心观察，三年级下册——展开大胆的想象，四年级上册——把一件事情写清楚，四年级下册——学习按浏览的顺序写景物，五年级上册——运用说明方法介绍一种事物，五年级下册——运用描写人物的基本方法把人物特点写具体，六年级上册——围绕中心意思写，六年级下册——表达真情实感。

习作单元自成体系。一个习作单元，紧密围绕培养学生的某一习作能力主线，由两篇精读课文、一个交流平台和初试身手、两篇习作例文和一次习作组成，各项内容之间环环相扣，体现出整体性和综合性的单元整体。精读课文注重引导学生体会课文在表达上的特点，学习课文的表达方法，在理解内容、积累语言方面不多做要求。习作例文，顾名思义，进一步说明写作方法，便于学生仿写。“交流平台”是对本单元的习作方法与策略进行梳理和归纳。“初试身手”提供一些片段练习或实践活动，让学生试着用学到的方法练一练。学生在充分获得感性认识的基础上，运用学到的习作方法，进行习作练习。

（二）信息技术支架

“支架”原指建筑行业中搭的脚手架，用来帮助工人完成伸手不能及的工作，其作用在于“帮助”“协助”，而不是“代替”工人的工作。教学中融入“支架”寓指在教学中对学生问题解决和意义构建起辅助作用的概念框架。“信息技术”是借助以微电子学为基础的计算机技术和电信技术的结合而形成的手段，对声音的、图像的、文字的、数字的和各种传感信号的信息进行获取、加工、处理、储存、传播和使用的能动技术。

本课题所研究的“信息技术支架”主要是指以信息技术为核心的在教育教学中的支架，包括PPT、微课、影像、“一米阅读”、交互式电子白板等。教育部主办的国家中小学网络云平台、广东省教育厅主办的“粤教翔云”数字教材、华樾教育集团主办的“一米阅读”App等网络平台提供了丰富的信息技术支架，这些信息技术支架为教学提供了强有力的学习资源和工具，促进了生生、师生间的交流与互动，给语文教学带来新的生机和活力。

（三）习作单元与信息技术支架相融合

信息技术支架与课程融合是由信息技术与课程整合延伸出来的一种教育思想和理念。“融合”虽然本质上仍可归为整合，但其纵深意义比整合更为深刻。“融合”既指像熔化那样融成一体，还指和洽、调和。“融合”强调信息技术支架与语文教学之间的包容关系，重点在于课程实施层面，即把信息技术支架作为工具与语文学科的教与学有机地融合在一起，以促进教学过程的最优化，提高课堂教学效益。这种融合不仅包括学科教学内容和信息技术的融合，还包括构建新型的教与学的方式。以多媒体和网络为核心的信息技术为语文教学提供了理想的资源、平台和教学环境，并渗透到习作单元教学中，拓展了语文教学内容的广度和深度，并使语文教学的形式发生了改变。

三、课题研究的内容

（一）分析小学语文习作单元的教学现状

课题组将通过问卷、师生访谈、座谈等形式对实验学校师生习作现状和教学现状开展调查研究，分析其形成的原因，以便更有针对性地搭建信息技术支架，提高教学质量。

（二）探索“双减”背景下利用信息技术搭建习作单元整体框架的策略

课前融合信息技术支架：拟结合统编教材习作单元的编排特点，把握习作单元整体目标，利用信息技术支架构建出习作单元教学目标、学习目标的整体框架，让教师单元设计与学生单元预习时更好地统观单元整体、厘清习作例点，在教与学的过程中有个清晰的轨道。

（三）探索“双减”背景下利用信息技术打造习作单元实效课堂的策略

课中融合信息技术支架：拟从结合统编教材习作单元编选特点，利用教育部主办的国家中小学网络云平台、广东省教育厅主办的“粤教翔云”数字教材、“一米阅读”App等网络平台丰富的信息技术资源，通过“点点用、改改用、创创用”，把信息技术支架作为工具与习作单元的教与学有机地融合在一起，促进教学过程的最优化，提高课堂教学效益精准，探索出习作单元与信息技术支架相融合的教学策略，打造习作单元实效课堂。

（四）探索“双减”背景下利用信息技术设计习作单元“减负”作业的策略

课后融合信息技术支架：拟融合信息技术，科学设计探究性作业、实践性作业、跨学科综合性作业，切实避免机械、无效训练。

研究重点：探索“双减”背景下利用信息技术打造习作单元实效课堂的策略。

研究难点：探索“双减”背景下利用信息技术设计习作单元“减负”作业的策略。

四、同类课题研究状况

我国信息技术起步滞后于发达国家，在学习借鉴西方发达国家做法的基础上，于1998年首次提出了“课程整合”的概念。《教育信息化十年发展规划（2011—2020年）》的开篇直接引用《纲要》中首次提出的重大命题——“信息技术对教育发展具有革命性影响，必须予以高度重视”，作为统领《规划》制定与实施的总纲。实现信息化的途径则是“充分利用和发挥现代化信息优势，实现信息技术与教育、教学的深度融合”。这是《规划》中首次提出深度融合的全新观念，并在全文中出现达10次以上，可见其具有异乎寻常的重要性。“它有别于‘整合’，要求实现教育系统的结构性变革，而其内涵就是实现课堂教学结构的根本变革。”据相关文献查询可看出，国内信息技术与语文教学深度融合已是当代实施信息化教育的一个热点话题。“信息技术的快速发展，移动终端和互联网的普及，使知识存在、创造、传播、获取的方式发生了深刻的变化，从而带来了全新的社会语文生活，也给语文学科与信息技术的深度融合带来了前所未有的机遇。”截至目前，国内大多学校都配备了较为齐全的硬件设备和软件，使用信息技术开展教学活动的学校和教师数量正在呈现迅猛的增长速度。小学语文教学正享受着信息技术所提供的便利，更高效地向学生传播语文知识。从技术角度来看，信息技术走进课堂极大地丰富了小学语文教学的表现力，充分地对语文知识进行延伸拓展，进而实现教学效率的提升。

语文新课改以来，信息技术手段的运用，使得学生将不同的学习内容和不同的学习方法相互交叉、渗透，从而开阔了视野，提高了学习效率。北京十一学校李希贵校长提出的“语文主题教育学习”，在有效使用信息技术改善学习方式上取得了显著成效，并得到了社会的普遍认可。学者柳俐认为，信息技术与小学语文教学“深度融合”只有在具体的教学活动中才能得以充实和细化，反之则只是空洞的口号而已。很多一线教师和专家学者都针对小学生习作展开了一系列的调查研究，取得了一定成果。他们认为，教师应把握语文学科的特点，做好充分的课前准备；丰富课堂教学内容，不仅要把科学性与人文性结合起来，还要做到理性与感性的统一；合理运用信息技术手段，加强师生间与生生间的互动；加深学生对课文的理解，培养学生的抽象及创新思维，为学生适应未来的学习打下牢固的基础。其他有影响的课改理论大多围绕“信息技术与语文教学融合”进行理论层面的阐述，实践尝试往往集中体现在某些实验校或课例上，还缺少针对统编教材编写特点的、可供广大教师借鉴的具体的、可操作性的模式和策略。

五、课题研究的意义

（一）理论意义

我们提出“习作单元与信息技术支架融合”的实践研究，是在吸纳前人习作教学方法的理论与实践研究成果的基础上，力图做到以统编教材为载体进行探索，构建有效的信息技术支架，把信息技术支架以辅助工具的形式融入习作单元教学，最终目标指向是提高学生习作能力，达到减负不减质，提质增效的目的。

（二）实践意义

1. 本研究充分利用习作单元的编排特点“读写结合是单元导语、交流平台、精读课文、初试身手的教学手段；范例教学重视例文由‘个’向‘类’的转换，实现学生的独立习作”，以融入信息技术支架突破学生习作瓶颈，达成习作目标，提升学生习作能力。

2. 本研究是基于教师在习作单元教学中存在的问题、进而分析问题的基础上提出的针对性策略，以直接解决教师教学问题。通过策略的提出，提供教师选择适合本班学生具体情况的教学措施，开展有效的习作单元教学，提升习作单元教学质量，提升学生习作水平。

3. 本研究工作由曾月容小学语文主题学习名师工作室的成员承担，有利于成员在实践研究过程中提高教学水平和科研水平，促进成员的个人成长，增强工作室的辐射、引领、示范作用。课题研究成果为农村和边远贫困地区学校提供优质学习资源，有利于缩小城乡教育差距。

六、课题研究方法

1. 问卷调查法。做好师生问卷调查工作，对教师的教学方式和学生的兴趣、习惯、学习方法进行采集、比较，为实验开展提供数据支撑。

2. 文献研究法。搜集、参考与“习作单元与信息技术支架相融合”有关的素材，为实验开展提供有力的理论支撑。

3.探索研究法。以实践行动研究为主，先提出理论假设，然后展开行动研究，在行动研究中验证理论假设，最终提炼成理论。一边探索一边行动，从实际问题出发，通过研究、实践，解决问题，更透彻地理解理论，进一步指导实践。

4.个案分析法。对典型个案进行连续的调查跟踪，研究其发展的变化，分析他们在实验中的表现，针对存在问题，及时调整实验方案和研究策略。

5.经验总结法。在课题实施过程中，实验教师坚持分析和思考，不断归纳总结，并将理论与实践形成有价值的文字。

七、开展课题研究措施

1.做好“习作单元与信息技术支架相融合”教学方法的师生问卷调查工作，为课题实验做好支撑。

2.课题组负责制定课题实验研究计划和实验方案，并在实验过程中不断修改和完善实验方案。

3.全过程，采用“请进来，走出去”“线上+线下研修活动”以及“个人自学与集体培训”等方式，不断提高实验教师的科研水平，做到培训有针对性，内容有指导性，效果有显著性。

4.加强实验班之间的横向交流，通过互听互评等形式取人之长、补己之短，不断改进和完善实验研究工作。

5.每学期召开3次以上课题组成员会议，立足课堂，分享学习心得与体会，研讨实验出现的新问题，改进实验措施与方法。开展“四个一”学习，从“上、做、写、说”打造学习团队（即磨一节公开课、组织一次教研活动、写一篇县级以上获奖或发表的论文、讲一个校级或以上的专题讲座）。

6.按计划分班开展课题实验探索课，撰写好实验课例、教案、反思、个案分析等材料，为实验研究寻找素材。

八、实验研究过程

本课题研究分三个阶段完成，研究周期为2021年6月至2024年6月。

（一）准备阶段：2021年6月至2021年12月

1. 调查研究。对学校语文教师和任教班级的学生开展问卷调查，了解其关于学科的教学及学习现状。

2. 理论研究。查阅相关资料，了解国内外开展的学科融合相关动态，确定研究方向与目标。

3. 成立课题领导机构，确立课题组成员，制定实验方案，选定实验班级。

4. 召开课题组成员会议，组织课题组成员学习、研究相关的理论，为开展实验研究做好准备。

5. 制订准备阶段实验研究计划，撰写总结。

6. 申报市级课题立项。

（二）实施阶段：2022年1月至2024年1月

1. 编制课题实施方案，制订实施阶段实验计划。

2. 组织和指导实验教师开展实验教学。

3. 定期组织实验教师上好课题研讨课、公开探索课和示范课，组织实验教师开展课题交流和成果推广活动。

4. 做好实验资料收集工作。把学生作文集、小练笔集、习作绘本、生活实践习作素材视频、习作分享视频、微电影等特色教学活动材料，以及教学设计集、教学反思集、教学案例集、教学论文集、下水文、课件、微课、课堂实录等收集起来，定期归档。

5. 定期召开实验研讨会，总结经验和教训，撰写阶段性总结或相关的论文。

（三）总结、推广阶段：2024年2月至2024年6月

1. 制订第三阶段实验计划。

2. 对实验材料进行进一步的整理、分析和评估。

3. 撰写阶段性总结，撰写实验工作报告和结题报告。

4. 收集实验论文，将相关的实验论文、学生作品结集出版，推广课题研究成果。

5. 邀请专家指导，向有关部门申请课题结题验收。

九、预期成果

（一）教师方面

通过实验，希望教师在以下几个方面有明显提高：（1）理论水平；（2）语言表达能力；（3）课堂调控能力；（4）信息技术；（5）课堂习作教学艺术。

（二）学生方面

通过试验，希望实验对象在以下几个方面有明显提高：（1）习作兴趣；（2）习作能力；（3）学习习惯；（4）学习成绩等。

（三）阶段性成果

<table>
<tr><td rowspan="7">主要阶段成果</td><td>序号</td><td>研究阶段（起止时间）</td><td>阶段成果名称</td><td>成果形式</td><td>承担人</td></tr>
<tr><td>1</td><td>2021年6月至
2021年12月
（准备阶段）</td><td>课题实验方案
调查分析报告</td><td>方案
报告</td><td>课题组成员</td></tr>
<tr><td rowspan="3">2</td><td rowspan="3">2022年1月至
2024年1月
（实施阶段）</td><td>开题报告，中期报告，阶段计划，阶段总结</td><td>报告
总结</td><td>课题组成员</td></tr>
<tr><td>学生作文集、小练笔集、习作绘本、习作实践练习集、生活实践习作素材视频、习作分享视频、微电影</td><td>特色活动材料</td><td rowspan="3">课题组成员</td></tr>
<tr><td>教学设计集、教学反思集、教学案例集、教学论文集、下水文、课件、微课、课堂实录</td><td>资源库</td></tr>
<tr><td>3</td><td>2024年2月至
2024年6月
（总结、推广阶段）</td><td>课题工作报告
课题结题报告
课题研究成果推广展板</td><td>报告
展板</td></tr>
</table>

第二辑

教研助力创新

引子：教研助力创新，人人皆可创新。创新是一个持续的过程，教师要保持对教研的敏感度，不断优化教育教学方法，为教育的持续发展提供动力。结合课题研究，把存在的问题想方设法进行良好的改进，这就是一种教学的创新。在课题研究中，教师需要不断学习和探索新的教学方法和理念，这将有助于提升教师的教学水平，使他们能够更好地适应教育改革和发展的需求。只要我们怀着不断改进创新的意识并勇于实践，我们就会收获研究的喜悦。

培养学生习作兴趣的方法

当前，有不少学生一提起习作就感到头痛，常常是冥思苦想，却仍无从下笔，最终只是寥寥数句，穷于应付。《语文课程标准》明确指出要“注重激发写作兴趣”。爱因斯坦也说：兴趣是最好的老师。学习兴趣是学生有选择地、积极愉快地学习的一种心理倾向，是学习动机中最现实、最活跃的成分，如果学生对习作产生了兴趣，就会表现出对习作的一种特殊情感，写起来乐此不疲，不再把习作当成是一种负担。因此，培养小学生的习作兴趣，能更好地调动其写作积极性，提高他们的作文水平。在实际教学中，我对学生习作兴趣的培养采用了如下一些方法。

一、需要是兴趣的基础

“文章合为时而著”，“文以载道”，是我国语文教学历来坚持的传统。小学作文训练虽然只是初步的应用语言表达见闻感受的训练，但它毕竟是小学生表达自己生活认识的活动，应当把语言文字的表达训练与语言文字应用的目的性教育结合起来。在写作指导的设计中，首先应该使学生树立“为用而学”的意识，使作文训练成为学生生活的一部分，真正为生活服务。同时，要教育学生明白，作文不是文字游戏，而是把自己的真实生活感受、思想情感传达给别人。因此，首先要有表达的欲望、表达的需要，然后才有作文，这也就是我们说的“有所为而作”。只有让学生把作文当作自己参与生活和发展自我的工具，真正解决“为什么写”的问题，小学生的作文才能形成持久稳定的内部动力。因此，要在“相互交流”与“自我展示”上努力，创设多种形式让每个学生都能有机会把作文“用”起来。比如，让每个学生每个月出一张手抄报，把自己积累的作文、日记、读书笔记等编出来。让每一组每一星期出一张“组报”，每半个月出一期黑板报，文章都从小组成员的作品中选出来，并定期将所有的手抄报在班级里展出交换阅读。另外，每天早自习或课前抽几分钟按座位（每次两三位）让学生把自己的作文或最满意的部分念给大家听，让大家互相评赏；同学之间互相写信，给亲朋好友或老师写信、寄作文；逢年过节，还可以把自己作文里的“精言妙句”抄录在贺卡上赠给别人等等。这些做法在很大程度上达到了“写”以致用的目的，使每个学生都有机会和兴趣去感受作文带来的成功与自豪。

二、生活是兴趣的源泉

生活本身是丰富多彩的，是作文的源泉。《新课程标准》指出：“指导学生作文，要从内容入手。”生活是写作的源泉，离开了“生活”，写作便成了无源之水，无本之木，缺乏丰富的生活积累，也是学生写作无从下笔的主要原因之一。因此，要加强写作和生活的密切联系，为学生作文做好“开源”工作。引导学生养成认真观察周围事物习惯，自觉地写“生活札记”。当前学生害怕作文的一个重要原因，就是感到没有什么可写。这不仅与教师命题不当有关，而且还与教师平时忽视引导学生养成观察生活与事物的习惯，忽视引导学生自觉地写“生活札记”有极大关系。茅盾在《创作的准备》中指出：“应当时时刻刻身边有一支铅笔和一本簿。无论到哪里，你要竖起耳朵，睁开眼睛，像哨兵似的警觉，把你所见所闻随时记下来……”这是老一辈作家的经验之谈。于是我注重引导学生在日常生活中注意观察，认真实践，养成把感受和认识随时写下来的习惯，不断克服作文内容空泛，感情贫乏，思路狭窄等等要害问题。

小学生一般都具有好奇、好动、好玩的特点，玩是孩子的天性，教学中我注意因地制宜，多组织一些形式多样的活动，让学生在玩中学、学中玩，体会到作文的无限乐趣，如利用课余时间，组织学生进行“扳手腕”比赛、拔河比赛、智力大比拼……据此让学生写一则“我最喜爱的一项（体育）活动”的片段，学生们兴致勃勃，都能较好地把自己喜欢的一项体育运动或活动抒写得淋漓尽致。要使学生获得丰富的作文素材，单从直接生活中去获取是远远不够的，还需从间接生活中去摄取一些材料。如我常鼓励学生多读课外书籍、多读报纸杂志、多听有益广播、多看优秀的电影和电视……无论是直接生活，还是间接生活，都要注意培养学生养成认真观察、勤于思考的好习惯。有很多事物是学生熟悉的，但却不一定是认识，如“蜡烛”是学生熟悉的东西，可其“燃烧自己、照亮别人”的奉献精神却很少有学生能够认识到。学生的注意力易分散，不懂得如何去观察、认识事物，因此，教师要注意教给学生一些观察的技巧、方法，鼓励学生做生活中的有心人。只有这样，写作和生活的密切联系，才能取到事半功倍的效果。一旦有了丰富的生活积累，学生作起文来就能左右逢源，不再视作文为难事，从而真正引发了写作兴趣。

三、方法是兴趣的关键

能掌握一定的写作方法会让学生觉得作文得心应手，进而产生写作兴趣的动力。元代学者程瑞礼说:“作文，以主意为将军，转换开阖，如行军之必由将军号命。”这是说文章主“意”犹如三军统帅，是文章的灵魂和核心，而谋篇布局就是按照文章的灵魂和核心进行综合考虑，合理安排，使文章的各部分构建成一个相互联系的有机体。指导学生掌握一定的写作方法，让学生在正确立意的基础上，寻找最有效的作文布局，力求文章内容与形式的和谐统一。

（一）正确立意

“文以意为主”，“意”就是文章的主题。立意的基础就是不要“跑题”。所以，要让学生养成认真审题的习惯，仔细地弄清题目的要求、重点和范围，以避免偏离了题目，尤其是题意比较含蓄的命题。如《校园的文明之花》，要求写记叙文，可有的同学写的是学校某种植物的花，根本不是学校文明之人；写《难忘的一件事》却啰唆了几件事情；写《灯下》一字不提及“灯”，而是写了其他地方发生的事。要求学生立意一定要正确，一篇文章的思想内容正确与否是评价文章好坏的根本依据，可以说，主题的正确，是一篇文章成功与不朽的重要条件。一篇文章不管语言怎样生动，表现技巧怎样高明，如果思想内容是错误的，就不能算好文章。因此，立意要审清题意，又要考虑思想内容做到正确。作文有了主题思想，文章才有灵魂，选择材料，安排结构，运用语言，也才有依据。

（二）善于布局

布局是作文一项整体构造工作，使文章“言之有序”。莫泊桑说，布局是一连串巧妙地导向结局的匠心组。一篇文章要写得精彩，巧妙的构思，新颖的形式是至关重要的。我们作文时要按照一定的写作意图对所写的内容进行综合考虑，合理安排，使文章思路清晰，逻辑严谨，层次分明，详略得当，首尾照应，过渡自然。布局首先要围绕主题选好材料。所谓选材恰当，就是指所选的材料合乎主题的需要，而且典型。在弄清题目的要求、重点和范围以后，就要认真回忆与这个题目有关的材料，哪些事儿是自己最熟悉的，最有新意的，以确定的主题或中心人物、事物进行对材料的筛选。凡是有利于表现立意和主题（中心人物，中心论点）的材料，就选取备用，相反的则舍去。然后是列好提纲，确定详略。提纲好比建造楼房的图纸，有了好的图纸，造出的楼房才能坚固美观。确定中心，选好材料以后，就得列个写作提纲，先写什么，再写什么，最后写什么，得有个次序。哪些内容与中心关系密切，要详写，哪些内容与中心关系不大，可以略写，得分个主次。这样写出来的作文，就可以避免选材不当、文不对题，或者结构混乱、条理不清、头重脚轻、主次不分，甚至没有中心的毛病。

（三）锤炼语言

孔子说：“言之无文，行而不远。”锤炼语言是为了更好地表现客观事物和思想感情，增强文章的表现力。鲜明、生动、精美、凝练、恰当的语言可以使一篇文章文采飞扬。锤炼语言，需要我们认真学习一些常见的手法，并准确而又灵活地运用到作文中来。我们可尝试这样的几种方式，让语言焕发生命力。（1）准确地运用词汇。在文章中可以用一些拟声词来丰富表达，让语言富有音乐美；可使用叠词使描绘更加准确，使语言具有节奏感；使用四字词语和成语会使语言表达更为简练。（2）恰当地选择句式。在表达强烈的情感时，可舍弃常规的表述形式，换种角度看问题，换个形式表述问题，使文章更加生动、活泼。（3）恰当地运用修辞。恰当运用修辞手法可以使文章增色不少。修辞不但使文章语言生动活泼，而且能调节音节，增强语言的音乐美，提高语言的表达效果。（4）巧妙运用名言警句。名言警句短小精悍，含义深刻，蕴含一定的人生哲理，巧妙运用，不但说服力强，还使文章增色不少。此外，恰如其分地引用诗词、歌词同样有异曲同工之妙。

总之，古人说得好，写文章要做到“情欲信，辞欲巧”，即文章所表达的感情要真实，所用的文辞要精巧。

四、成功是兴趣的支柱

成功是写好作文的内驱力，所以教师要千方百计地让学生感受到成功，从中体会到甜美与快乐。一个班的学生作文，有好中差之分，即使是同一个学生，在不同的阶段，他的作文水平也是有区别的。教学时，我注意因材施教，对不同的学生提出不同的要求，让学生多品尝成功的甘甜，保护其写作的积极性。批改作文时坚持多批少改，讲评作文时以鼓励为主，尽量多肯定，特别是对于一些作文较差的学生，有时不惜用“放大镜”的眼光去挖掘学生作文中的闪光点，小到哪怕只是几个词用得较好，也在旁边批上“生动、精彩”等；在作文课中进行诵读品文，给基础不同的学生提供均等的机会，将他们所写的生动的句子、精彩的片段、优秀的作文当堂朗读，使学生看到自己作文成功的希望，树立能写好的自信心，从而稳定写作的兴趣。

同样一篇学生作文，用挑剔的目光放大它的不足之处与用赏识的目光去挖掘它的闪光点，留给学生的感受和产生的效果是截然不同的：前者往往让学生越写越没意思，看到的总是自己的缺点，而后者却让学生作文的兴趣越来越浓，哪怕他的作文并没有什么进步。“诚于嘉许，宽于称道”，讲评作文应该是兴趣培养的加油站。作文是学生本人的“劳动成果”。重视他们的“劳动成果”，会给他们带来巨大的自豪感和成就感，更能促进他们的写作兴趣。因此，对于每次作文，我都尽力做到“慧眼”识佳作，将本班学生中写得较好的文章，优美的词语、句子、片段，精彩的开头、耐人寻味的结尾、新颖的选材、与众不同的写法、恰当的修辞方法登在“学习园地”，供大家阅读、欣赏、学习。我要求学生将优秀的习作用300格稿纸抄好，结集成班刊——《学生优秀习作选》，而且依时间先后安排好目录，挂在教室的作文栏上，让学生不时观看学习。这对于被选中的同学来说，是一种荣誉、鼓励；对于没被选中的同学来说，又是一种引导或鞭策。除此，我还鼓励学生积极向校内、校外报纸杂志上投稿。一旦某个学生在某篇报纸上投稿成功，对其本人来说，无疑是一种鼓励，而对整个班甚至是整个学校来说，更是一种很大的激励。

丰富学生作文素材的方法

现在很多学生一想到写作文就头疼，觉得没什么写。这主要是因为孩子缺乏写作素材。因此，在教学中，我们要引导学生积累写作素材，鼓励他们多积累，扎实写作基础，让孩子们有内容可写。

一、记录生活实践，积累写作素材

丰富多彩的生活是作文材料的源泉，如果离开了生活，作文就成了无水之源。因此，我想到要引导学生在生活实践中去积累写作素材。于是，我要求学生把在生活中的点点滴滴记录下来，例如可以把一天中高兴或伤心的事写成一篇周记或文章。

另外，每逢学校举行什么活动，在活动前，我都要求学生把看到、听到、想到的记录下来，最后写成文章。譬如有一次，学校举行了拔河比赛的活动，我要求啦啦队的学生在看时要留意观察人物的神态、动作以及场面的气氛，参加拔河的同学要注意记住自己当时的心理活动和动作，重在引导他们留心细节以及活动的过程。活动后，让学生以《拔河比赛》为题写成文章，结果很多学生都能写出中心明确、具体生动的文章。

要想学生拿起笔来，有话可写，有事可叙，作为老师的我们还应鼓励学生主动承担一些力所能及的家务劳动，让学生把自己做了什么劳动以及劳动的过程写下来，这样学生就从平时的劳动中积累了有趣的生活材料。只有让学生亲自去实践，才能收集到更多的材料，才能把活动的过程、细节以及活动中的感受掌握准确，在写文章中才能写出真情实感。这样不但锻炼了其自立能力，而且丰富了情感，为写作准备了材料。

二、做好读书笔记，积累写作素材

我鼓励学生多读书，并做好读书笔记。经常读书看报能弥补知识面狭窄的缺陷，使学生的写作范围突破狭窄的生活圈子，变得更为广阔。很多优秀的文化遗产、典故、趣闻轶事，可以从书报上汲取；很多的好词、好句都可以在书报上获取。要想写出好文章，必须多读好文章。在读书中不断接受语言文字的熏陶，并不断积累。一个好词，一个优美的句子，一个精彩的片段，都可以成为积累的素材，把语句、片段摘录下来，日积月累，便成了一本很好的“作文选”。在这读书、摘抄的过程，我充分利用了学校资源——图书室，让学生常到图书室借书阅览。有时，我会帮全班同学借书，让学生利用课余时间阅读，并相互交换看。要求学生把看到的好词、好句、片段摘抄下来，有时还可以写写自己的读后感受，同学之间相互借阅读书笔记。这样，不但开阔了学生的视野，而且学生的写作素材也不断地积累了。日积月累，学生的写作素材有了，大部分学生的写作水平也得到了提高。正所谓“读书破万卷，下笔如有神”，就是这个道理了。

三、参与批改作文，积累写作素材

作文批改可采用面批、自批、互批等多种批阅形式。在教学中，我让学生参与批改作文。在批改时，要求学生用红笔圈画出作文中用得比较好的词句、段落，再根据好词好句的多少给习作打分，这样，学生脑子无意识中对好词、好句、好段进行识记积累。在打分过程中，学生感到有趣味、有挑战性，思想上自然而然地重视积累。学生为了得到更多的分，会积极地看、想、记，取他人之长补充到自己的文章中。因而，我很多时候都让学生采用互批的形式，安排基础不同的学生相互交换改，让他们互相取长补短，提高写作水平。

让学生主动参与批改，学习和评价作文技巧的运用，并学会修改。这样，既可以锻炼和提高学生写作能力，激发兴趣，又为学生创造了广泛积累知识的机会，让他们在别人的作品中积累到好词、好句，而且，经过多次批改实践，学生对写作的基本要求理解得越来越深刻，并在批改中提炼了自己的语言，感悟到写作的方法、技巧，从而学会写作，善于写作。

四、勤于练笔，积累写作素材

练笔可以调动学生的写作积极性，培养他们动笔的好习惯，日积月累，学生在练笔的过程中就积累了素材。我让学生多练笔，要求学生每天练笔，对于写什么内容不受限制，用他们的笔不受约束地写出最感人的，印象深刻的事，并且对他们的练笔本每周进行抽查批阅，对他们练笔文中出现的精彩语言进行点评。对写得好的同学适时进行表扬，在班上宣读他们的作品。这样，学生练笔的积极性大大地提高了，他们也非常乐意去练笔了。有时，我还引导他们把小练笔写成文章。例如，有个学生在一次练笔中写到在一次上体育课时，因为做运动时，不小心把腿扭伤了，当时疼得厉害，是老师和同学们把他带到了医院包扎好，当时自己很感动。针对他的这次小练笔，我引导他把整件事写具体，写出人物的动作和心理活动。结果，这个同学以《我的脚受伤了》为题，写出了一篇优秀的记事的文章。在这之后，该同学都能把一天发生的事情写下来，我还在班上宣读他的作文。就这样，这位学生慢慢就喜欢上写作了。坚持这样的训练，学生那种“无话可说”的局面就会得到改善，学生的写作水平也会得到一定的提高。

学生积累写作素材的方法远不止上面几种，只要我们积极投身引导学生积累写作素材的语文教改的时代洪流中，积极思考，大胆探索，锐意进取，学生积累写作素材的兴趣就会更浓，方法就会更多，效率就会更高，学生的作文能力就会更强；学生就会微笑着积累，快乐地写作；作文教学，就会走出自身的低谷，登上新的高度，看到更美的风景，迎来更加灿烂的明天。

培养学生积累作文素材的方法

作文教学是小学语文教学的重点和难点，是学生语文综合素质的具体体现。我们做老师的在批改学生作文时可能都有这种感觉：内容空洞，缺少条理，像记流水账。这让我们头痛，静下来细想，孩子们又何尝不为之头痛呢？很多学生拿起笔来冥思苦想，绞尽脑汁仍然认为没有东西可写，其原因有两个：一是他们没有有意识地捕捉生活中的写作素材，二是学生没有把生活中得到的素材积累起来。那么，如何培养学生在生活中细心地发现并积累作文的素材呢？我认为可以从以下几个方面来培养。

一、生活素材积累

小学语文课程目标指出“养成留心观察周围事物的习惯，有意识地丰富自己的见闻，珍视个人的独特感受，积累习作素材”。作文材料来自我们的生活，要做生活的有心人。写作的源泉是生活，生活离不开环境。丰富多彩的自然、社会环境与千变万化的社会生活实践是学生取之不尽、用之不竭的写作源泉。因此，对身边的人、事、物、景时刻留意，养成细心观察的好习惯是学生积累作文素材的有效途径之一。具体地，学生可以通过以下方法积累。

（一）发现法

运用“五觉”：眼睛可以看到物品的颜色、形状，耳朵可以听到各样的声音，鼻子可以嗅出香、臭、腥、臊，舌头可以知道物品的苦、辣、酸、甜、咸、淡、涩，皮肤可以感知物品的软、硬、冷、热。我们描写物品时，可以通过各种感觉器官的感受来写物品的特点。用“五觉”来观察事物，要注意物品最主要的特点，此外还要注意按一定的顺序观察。

（二）日记法

如果从孩子会写字、造句开始就教他把身边事、物、景写成日记，一直让他坚持下去，那将是一笔巨大的财富。因为把写日记作为一项经常性的练笔，不但可以让孩子养成认真观察的好习惯，而且还让学生有了一个巨大的作文素材宝库 。对学生而言，日记是他们吐露心声的好朋友。小学生的日记都是反映自己学习上、生活上、思想上的真实心情。通过写日记，会使学生更加懂得细心观察周围事物的变化，由此可以积累很多丰富的作文素材。日记不仅可以帮助学生积累素材，还能丰富学生的表达方式。因此，教师应注重培养学生养成坚持写日记的好习惯。

（三）交流法

每个孩子因个体不同，观察生活的角度不一样，体验各不相同，提供机会让学生把生活中观察到的事物及感受进行交流，孩子在倾听和思考的过程中将学到更多观察方法，体验到更广的视角空间。

二、阅读体验积累

大诗人杜甫曾说："读书破万卷，下笔如有神。"这一名句深刻地揭示了阅读和写作的内在联系。阅读不仅能扩大学生的眼界和知识面，让学生了解基本的科学知识和生活常识，还能帮助学生积累词汇，丰富表达的方式。因此，培养学生爱好阅读的习惯对于写作有重大的作用。阅读不仅能扩大学生的眼界和知识面，让学生了解一些基本的科学知识和生活常识，还能帮助学生积累作文词汇，丰富表达方式。作文是字、词、句的综合训练。凡是我接任的班级，从一年级的第一学期开始，我就和孩子们一起不厌其烦地读、说、练，教他们准确、生动、形象地用字、遣词、造句。要求每个同学都准备一个"词句积累本"，每天摘抄一些优美词语、生动的句子，随时大声朗读并灵活运用在自己的句子中。通过这样不断地丰富知识，开阔视野，积累词句，使他们的知识和语境经验逐渐丰厚起来。

在课外阅读中，教师可以根据学生阅读兴趣发展的年龄差异，向各年级学生推荐不同的读物。如小学低年级儿童对童话故事较感兴趣，而中、高年级的学生对英雄人物、科学幻想、榜样人物等故事比较感兴趣，还应及时地向学生推荐相关期刊和报纸，以使学生能及时接受最新的信息和知识。最后再督促学生做好读书笔记，积累写作素材。其实作文和阅读是一体的，前者是你说的话让别人理解，后者是别人说的话你来理解，我教小学高段是让学生坚持一天看一篇文章，分析明白中心思想是什么，作者是怎样围绕这个中心思想来写的，有哪些好词好句，如果同样这件事情让你写，你会怎么写，自己写下来对比原文，你写的好在哪，作者写的好在哪，分析自己的不足，下次注意，也分析作者的不足，你来修改，怎样写会更好。每天背点好的句子、段落，仿照这个句子、段落你来写别的。最重要的是坚持，一点一点累积时间久了，写作时自然得心应手，作文的能力会有提高。我常用赏析法、摘抄法、批注法、背诵法来指导学生通过阅读积累作文素材。

（一）赏析法

阅读是小学生重要的学习生活，不管是课内还是课外，他们都会接触不少的文章，进行着或深入或浅泛的阅读。然而客观地说，现时的不少学生却常常只会浏览，并不会真正走进文章，进行欣赏性阅读。我认为必须从赏析的角度去看待阅读，从赏析的高度去对待分析品味，以赏析的标准去衡量学生的感悟与观点，才能逐渐培养出学生良好的阅读习惯和阅读能力，提升学生阅读的素养，从而达到以读促写的目的。

（二）摘抄法

小学生的阅读范围狭窄，缺乏阅读的持久性。经过我连续两年的行动研究，发现摘录法阅读对于提高学生的阅读兴趣和广泛度，有着非常明显的效果。通过指导摘录方法、多种形式的交流、总结等，得出摘录法阅读的一系列做法。组织学生共同交流阅读感受或交换阅读优美词句积累本，这样，几十册优美词句积累本相互在班上传阅，既节省了学生自己去收集的时间，又达到了资源共享的目的，有很多同学还从中向其他同学学到了许多做读书笔记的好方法。

我深信“说话是写话的基础，作文是写话的升华”，作文就是现实生活的反应，言为心声。因此，小学生作文应该是小学生学习、生活的客观反映，只要能实实在在地写清楚自己的所见所闻就是好文章。通过这些活动和指导，为学生的“发现”开拓了广阔的视野。

（三）批注法

读书写批注是一种好方法，许多伟人、学者都是这么做的。因为一边读书一边作批注，既可以使读书人开动脑筋，促进思考；又可以加深印象，便于记忆；还能随时记下一些自己读书时的独特感受或思想火花。一个重要发现，或是一个新观点的产生，往往就在读书之中，如不及时记下，说不定就稍纵即逝了。列宁善作批注的读书方法，被传为佳话。他读书，喜欢在书页的空白处写下丰富多彩的评论、注释和心得体会。有时还在书的封面上标出最值得注意的观点或材料。列宁读书是非常专注的，整个身心都进入了书的境界，因此，他作批注时就像是在与作者亲切交谈，或是激烈争论。

（四）背诵法

如果说背诵能为写作蓄源的话，那么写作就是清澈的泉流了。古代的一些文学志士，如韩愈、柳宗元、王安石、苏轼能写出千古流传的好文章，其奥秘就是他们熟读乃至背诵大量优秀的文学作品，形成了敏锐的语感，能够做到出口成章。只有多背，吸取和储存大量的词汇及优美语段，才能提高学生的写作能力。

三、习作方法积累

学生有了丰富的习作素材，有了一定的语言积累，但还需要掌握一些写作的基本方法。在平时的习作教学过程当中，我帮助学生了解作者是如何叙事、状物、写人、开头、结尾和安排篇章结构的，强调学生习作时该如何审题、如何选材、如何构思等，使他们养成未成文先成纲的习惯。总而言之，只要我们转变作文观念，更新指导方法，孩子的习作能力一定会潜移默化地得到提高。

（一）仿写法

仿写是“桥”，是引领学生步入写作的“大门”。仿写就是仿照例文的样子写，它是把课文阅读和习作教学相结合的一种重要手段，也是学生较快掌握写作的一种有效的方法。对于刚刚踏入小学校门的学生们来说，他们处于写作起步阶段，大部分学生对写作的知识和技巧一无所知。仿写，则是培养低年级学生写作能力的一条捷径。一是这个时期的学生模仿力特别强，二是因为学生年龄因素，对于写作知识和表达技巧“只可意会，不可言传”。仿写不仅能大大降低写作的难度，而且特别有利于培养学生的习作兴趣和自信心。所以，在低年级写话教学中，仿写是一个重要内容。心理学研究表明：儿童作文心理的过程是由模仿到创造的过程，是积极的思维活动的过程，是行之有效的必要的训练方法和手段，学生不经过大量的“仿”是“创”不出好作文的。因此我们以课文为凭借，以提高语言表达能力为目的，以发展思想能力为重点，以读写结合为突破口，通过多种形式仿写练笔训练，增强练笔实效，打下写作基础。

（二）想象法

以一定文章文本、故事传说为材料和依托，拓展开来，延伸出去，发挥想象扩写、缩写或改写故事。小学语文教材中许多地方给读者留下了想象的空间，教师可结合阅读教学，以课文内容为素材，在对课文内容充分理解的基础上启发学生展开想象的翅膀。

（三）活动法

语文实践活动以其独特的实践性、开放性和生成性成为作文教学获得满渠清水的源头活水，这是一个不可或缺的支点。抓住小学生的心理特点，开展活动。学校的学习生活是多姿多彩的，如果只是着重于文化知识的掌握，那学生就毫无生机可言，作文素材也会单调乏味。因此，就需要教师有组织、有计划地开展多种活动，丰富学生的写作材料。爱动是小学生的天性，也是他们认识社会的基础。他们对一切集体活动、个体活动有着一种特殊的爱好。班级活动更是学生所熟悉和感兴趣的，开展学生所喜爱的活动，如讲故事比赛、野炊、参观访问、体育活动比赛等等，这些活动的开展，不仅丰富学生的生活，陶冶学生的情操，还会使学生有更多的感受，为习作提供了丰富的素材，活动过后学生往往还自我沉醉其中。因此，在活动结束后，就可以让每位学生都说说活动的感受和收获，并指导学生把自己参与的活动过程、心情、感受写下来。

只要有丰富的素材，加上运用合适的写作技法等，就能写出好文章。法国雕塑家罗丹说：“生活中不是缺少美，而是缺少发现，生活中处处存在动人之处。”对学生而言，作文素材俯首可拾，很多就在学生身边。如果教师能重视作文素材的积累，并在实际教学中注重推广和实施，相信学生恐惧作文的心理一定会有所改观，作文“无话可说”的局面也会得到改善，作文水平也必将日益提升，学生会写、乐写、善写的大好形势将指日可待。

通过观察积累作文素材的方法

《语文课程标准》明确指出："指导学生作文，要从内容入手。"可是，在我们山区农村小学里，学生的素材积累非常薄弱，写作时总是为写不出而烦恼。丰富多彩的生活为我们的作文提供了取之不尽、用之不竭的写作材料。这就需要我们去认真观察、寻找，储备大量的生活素材，提笔作文时才会如活水源头般潺潺流动。为此，我在作文教学中着重指导学生培养观察能力，做生活的有心人，积累作文素材，帮学生过好"言之有物"关，让学生作文起来有话可说。下面谈谈我在实际教学中的一些做法。

一、激发兴趣，让学生乐于观察

"兴趣是最好的老师。"小学生的好奇心很强，他们对周围的新事物都会产生浓厚的兴趣。在课内我通过创设一些有新意的观察情境入手来激发学生的观察兴趣。如一次作文课，我组织学生进行"词语接龙""盲人贴鼻子"的游戏。同学们个个兴趣盎然，快乐地投入到游戏中，沉浸在欢乐的笑声里，我在一旁不失时机地录下一些镜头。当游戏结束，我便布置学生作文，要求学生把刚才的情形，主角的神态、动作和自己的心情如实地写下来，并且回放几个最有趣的镜头，引导学生观察回味。学生从游戏到作文都进入了情境，情绪高涨，提笔作文时便源源不断，完全忘却了"写不出"的烦恼，从中也让学生对观察产生兴趣，明白了平时留心观察生活便可积累作文素材，轻松作文。又如在一节写一种小动物的作文课上，我带给学生一只可爱的小乌龟，让同学们观察小乌龟的样子，还让同学亲手摸摸小乌龟，看看它有什么反应，在同学们欢呼雀跃之余很好地引起了学生的观察兴趣。

课内观察的兴趣激起来了，我又把观察的视线引向室外，让学生留意身边的生活。利用活动课带领学生参观菜市场，欣赏家乡风景，看看家乡的特产等。在这过程中，我引导学生观察并讲解观察到的现象，使学生懂得其中的道理，从而激起他们的求知欲，使他们对大自然和社会现象产生观察兴趣。

二、教给方法，让学生善于观察

学生对观察有了兴趣后，我不失时机地提出要求，加以指导和训练，使学生具备透过观察现象看本质，发现事物本质的东西，从而提高学生的观察能力。

（一）按照顺序，有条不紊

在阅读教学中，我根据教材特点，引导学生学习作者的观察顺序，让学生学会按照一定的顺序，有目的、有步骤地对事物进行全面、细致的观察，准确地把握事物的特点。例如教学《松鼠》一文时，让学生朗读对小动物松鼠的外形的描写段落："松鼠是一种美丽的小动物。它玲珑的小面孔上，嵌着一对闪闪发光的小眼睛。一身灰褐色的毛，光滑得好像搽过油。一条毛茸茸的大尾巴、总是向上的翘着，显得格外漂亮。"然后让学生体会归纳作者的观察方法：首先从整体上观察"松鼠是一种美丽的小动物"，接着分别观察各个部分；面孔—眼睛—毛—尾巴，观察顺序是从头到尾的；最后一句"显得格外漂亮"从整体上作小结，与第一句"美丽"相呼应，给人一个完整的印象。又如《参观人民大会堂》一文是观察建筑物的，文章按从外到内的参观顺序来写：台阶—大门—中央大厅—大礼堂—北面宴会厅—会议厅—出大门。在描写"大礼堂"时，又是按从下到上的顺序写的，整篇文章作者都是按照一定的顺序排列的，条理很清楚。在文中学到的观察顺序，让学生在平时观察中学以致用，这样，学生观察有顺序了，构思时把观察的顺序变成写作的思路，习作时就有条理了，就能把观察与思维和表达密切结合起来。

（二）善于比较，抓住特点

我指导学生通过比较，找出事物之间的差异，捕捉它们的异同，准确地抓住事物的特点。例如，写眼睛，我用课件呈现不同人物的眼睛让学生比较，不同场合中同一双眼睛表现出的神情的比较；又让学生观察猫的眼睛在中午和晚上有什么区别。又如写雨，让学生观察小雨和倾盆大雨的情境，细心看看雨丝是怎么样的，声音又有什么区别。这样通过引导学生抓住特点观察事物，提高了学生辨析事物、区别异同的能力，使学生在习作时能写出事物的个性来。

（三）边看边想，展开想象

在观察的同时，还要善于展开想象，这样才能表达得更贴切更丰富。在阅读教学中我不失时机地指导学生体会观察与想象的妙处。如教学《校园交响诗》一课，我先让学生品词析句，反复诵读“排列的桌椅，是一格一格的蜂房，井然有序”，“像金色的小蜜蜂在花海里采集花粉，嗡嗡嘤嘤地飞鸣、渴求”，“像鸟儿款款地低飞，欢快地跃动，像鸟儿舒展地起舞，恬静地栖息”，“飞来的花瓣，变成一朵朵馥郁的鲜花，开在老师的心间”等优美的句子；然后用课件播放学校教室与蜂房，下课的校园和鸟岛，贺卡信件与花瓣的飞舞等情境，在指导学生观察的同时，我激励学生学以致用，把见到的形状、姿态、颜色，听到的声音，嗅到的气味等，借助贴切、逼真、新奇的比喻、拟人、夸张等修辞方法进行表达，使已有的印象更具体，更形象，更新颖。

三、及时记录，让学生丰富积累

俗话说“多说胸中有本，勤写笔下生花”。我让每个学生把一天当中看到、听到的事，用何时、何地、何人、何事、何因的句式记录在自己的“新闻记录本”上，然后每小组每天推荐出最好的，把它展览在学习园地的“新闻天天看”栏目中。当看到自己的“新闻”时，同学们欢呼雀跃，心花怒放。看到别人的成功，其他同学也都跃跃欲试。有的同学为收集到比别人更好的“新闻”，回到家中，看电视、听广播、阅课外读物，用心发现生活中的小事，养成了留心观察的习惯，不断积累自己的见闻，为作文储备大量的素材。

我一直要求学生坚持写日记、周记，把自己观察到的、体悟到的随时随地记录下来，并将它们分门别类地整理，作为资料保存下来，留待后用。在批改作文、周记时，对写出了身边的、真实的事物和思想感受的学生及其作品，我都大加肯定和鼓励。让学生们逐渐养成了“言为心声”，写自己的真实的东西的习惯，养成了良好的观察习惯。

这样，学生对身边的事慢慢开始留心了，对熟视无睹的东西也渐渐有了琢磨，生活中的点点滴滴都成了他们写作的材料。通过日积月累，学生的注意力、观察力、分析判断能力都提高了，作文素材也不断丰富起来。

四、品尝成功，让学生养成习惯

养成观察习惯是一个长期的过程，需要学生持之以恒地进行观察，做生活的有心人。要学生做到这样，最好的办法就是让他们尝到成功的甜头，激发他们的动力。就像苏霍姆林斯基说的："成功的欢乐是一种巨大的情绪力量，它可以促进好好学习的愿望。"于是，我在习作评价时，不仅针对习作的最终结果，更关注习作过程的不断提高。批改作文时以鼓励为主，尽量多肯定，特别是对于一些观察细腻的素材不惜用"放大镜"的眼光去挖掘，在旁边批上"生动、精彩"等。在评讲学生作文的过程中，我挖掘作文中的闪光点，不断肯定每位同学的任何一个细微进步，把赏识毫不吝惜地送给学生，千方百计地让学生感受到成功，从中体会到甜美与快乐。我还在教室后面布置了作品展览栏，让学生将优秀的习作用稿纸抄好粘贴上去，让同学们欣赏学习，每月就把这些优秀作品结集成班刊《花蕾》。特别好的作文，还通过学校的"水口之声"广播节目播出，每逢学生听到自己的文字变成了优美的声音在校园回荡，他们都激动不已，其他学生也都暗暗努力，想尝试那种美妙的体验。这样，使学生看到自己作文成功的希望，享受到成功的喜悦，树立能写好的自信心，激发他们勤于观察、善于积累，坚持不懈地努力养成良好的积累作文素材的习惯。

在背诵中积累素材的方法

《语文课程标准》在“基本理念”部分就强调“丰富语言的积累，培养语感”，为落实这一指导思想，提出积累各种语言材料、加强背诵的要求。在四个学段总共要求学生背诵优秀诗文240篇（段）。小学生正处于长身体、长知识时期，记忆力旺盛，是诵读的好时机。如果忽视了这一宝贵时期的背诵积累，也许就会造成“根底浅”“腹中空”的后果，有碍于学生语文能力的发展和语文素养的提高。在教学实践中，我发现学生不喜欢背诵课文，甚至讨厌背诵课文，只要老师一提到要“背诵”教室里便会哀声四起。为了使学生从“讨厌背诵”到“乐于背诵”，在语文教学实践过程中，我在帮助学生理解要背诵的材料的基础上，采用以下有效方法引导学生背诵，收到不错的效果。

一、采用“替身”法，激发背诵

小学语文课本中有许多要求学生积累的格言警句，在课堂教学过程中我采用“替身”法激发学生参与背诵，就是让学生把自己当作文中的人物。例如指导学生背诵《语文百花园》“积少成多”中的“名言名句”，我先让学生在本组“名言名句”中找到自己最喜欢的一个名人，然后把自己当作是那个名人，再把“自己”所说的“名言”用两分钟的时间背下来，最后让学生以“我是——（名人姓名），我说过——（名言）”的句式在课堂上背诵出来。这样的背诵方法学生不但喜欢，而且还在短时间内记住了“名言”也记住了“名人”。

二、巧用“挂图”，指导背诵

现在的小学语文课本中很多课文都配有漂亮的插图，对于小学生有非常强的吸引力，打开课文他们就会在第一时间内美美地欣赏一下“美境”，然后再读课文。抓住学生这一年龄特征，在语文课堂教学实践中，我巧妙利用“挂图”指导学生背诵。例如在指导学生背诵《小儿垂钓》时，我先引导学生仔细观察挂图，再让学生回答自己的“所见”，待有学生讲出“小儿头发蓬乱”时，我巧妙地在图中小儿的头上写上“蓬头”，学生讲出“坐在草丛边”时，相机在图中的小草旁写上“映身”，学生讲出“挥手叫路人别出声”时，用彩色笔圈起小儿的手掌，并写上“怕、惊”，学生通过“赏图”“熟读”后，以挑战的游戏方式鼓励学生根据老师“处理”后的挂图背诵。这样的背诵方法符合小学生的年龄特点，所以他们参与背诵的欲望特别高，课文也就容易背诵了。

三、抓住“方位”词，引导背诵

教材中有很多描写环境的课文，这类文章的语段优美，想象丰富，但句式比较长，学生不喜欢背诵。在语文课堂教学实践过程中，我让学生在品悟课文时先把表示“方位”的词语画起来，在学生充分熟读课文后指导学生背诵。例如指导学生背诵《一个小山村的故事》第一自然段时，在引导学生感悟课文时相机地让学生画出方位词“山脚下”“山上”“村边”“林子里”“小河中”，指导并鼓励学生抓住这几个方位词及先后顺序进行背诵，这样学生很快就能把又长又难背的段落背出来了。

四、运用“对话”，指导背诵

在小学高年级的语文课文中，要求学生背诵的诗文、段落更长、更难。特别是文言文，人物对话多，学生对文本难理解，如果让学生逐句逐段背，耗时长，效果不明显。为此，在语文教学实践过程中，我巧用人物对话指导背诵。例如在指导学生背诵文言文《两小儿辩日》时，我让学生在充分理解课文后，指导学生自由选择其中一个小儿的话在规定的时间内背出来，然后让学生分角色背诵对话；待学生背出其中一小儿的话后再鼓励学生用相同的方法背诵另一个小儿的话，这样学生在课堂上已经把重点句、段背出来了，接下来的任务就简单多了，学生背起来也就容易朗朗上口了。

五、师生互动，激发背诵

长期以来，我们错误地认为“背诵”是学生的事，教师只管“教会”学生读就是了，其实作为教师如果我们能和学生“共患难”会收到意想不到的效果。例如在指导学生背诵《百花园》中的歇后语时，我在课堂上采用师生互动背诵的方法激发学生背诵。我先和学生商定在一定的时间内把相关的歇后语背下来，然后师生间、生生间问答背诵。在这过程中，我经常鼓励学生胜过老师，所以我会对学生的背诵进行大声而真诚的及时评价。发现其背诵中语音语调、情感方面的优点，进行鼓励和表扬。当学生们的当堂背诵被老师所赏识、欣赏时，往往会带动他们更好表现的情绪，从而带动整个班级背诵气氛。

背诵绝不只是机械的记忆，它牵涉到复杂的心理过程，背诵本身也是创造性的活动。我相信，在语文课堂教学中，长期坚持对背诵进行有效指导，把学生感觉难的背诵转化为他们乐于接受的事，从而达到学生乐学、老师乐教，实现真正的减负增效，学生一定会收到许多意想不到的益处：课堂注意力更集中，自我表现欲望更强烈，对语言探究的兴趣不断提升，乐学情绪不断地高涨，组织语言的能力得以加强。而对于老师，同样收获很多，看着学生对上课充满兴趣，认真学习，何乐而不为？

在阅读教学中积累语言的方法

《语文课程标准》中指出："语文教学要重视积累、熏陶和培养语感"。小学语文教学应以积累性阅读为主，学生的一个主要任务是学语言。学习语言首先要有积累，在此基础上进行模仿，更高的层次便是创造。"不积跬步，无以至千里；不积小流，无以成江海"，"厚积而薄发"，这都是古人在实践中摸索出来的重要经验。"问渠哪得清如许？为有源头活水来"，说的也是积累的重要。"积累—模仿—创造"是学习语言的基本规律。没有对语言材料的积累，就不可能深刻地理解语言、表达语言。由于小学生的词汇比较贫乏，掌握的句式也非常有限，因而学习语言的方法不是靠理性的分析，而是靠对语言的直接感受。现在入选语文教材的文章不但文质兼美，而且富有很强的人文色彩。在阅读教学中，我从以下四点去做好学生的积累语言练习。

一、在"朗读感悟"中积累语言

朗读就是对语言的直接感受，这就是所谓的"书读百遍，其义自见"。注重课内阅读，让学生读中感悟，读中积累，是当前新课标所强调的。现在的语文教材很好地体现了新课标的思想，选入的文章文质兼美，传达了作者炽热的情与爱。在课堂教学中，我紧紧地抓住课文，充分利用教材本身的特点，精讲多读，通过读把文本深刻的情感挖掘出来，使孩子的情与作者的情产生共鸣，达到积累运用语言的目的。

教学应以读为本，让学生充分地读，在读中理解，在理解中读，反复诵读，熟读成诵，读出滋味，读出情趣，从而读有所值，读有所得，在读中自然而然地积累丰富的语文材料。在学习《假如》一文时，孩子们通过多种方式朗读，感受到语言的色彩魅力：有一支马良的神笔，可以画金色的太阳，白白的云朵，好吃的谷粒，一双好腿。语言简短精辟，孩子们读起来朗朗上口，易于积累，很快就在接下来的看图说话练习中学会简单地描写景物了：蓝蓝的天空中，飘着一朵白白的云朵，旁边有一只可爱的小鸟，饿得喳喳地直叫唤，妈妈到遥远的地方寻找好吃的谷粒去了……写得相当不错。学习《火烧云》一课时，文章开篇的几个句子："大白狗变成红的了，红公鸡变成金的了，黑母鸡变成紫檀色的了"。"了"字频频出现，句式相同，结构也相同，都是"____变成____（颜色）的了"。朗读时，我发觉孩子们特别喜欢读这一段，他们是带着欣喜与俏皮的语气去读的。我就让孩子们多读，学会运用"____变成____的了"这个简单的句式，从而简单地学会运用语言文字。此外，我还引导学生对文中精彩的词语、句子、语段进行品味、赏析，让孩子领悟到何为好词佳句，并把它们摘录下来，读读背背。例如学习《回到自己的祖国去》一文，我让学生把"不，把学识献给自己的祖国，才有价值。我是一个中国人，我要为祖国尽力!"这句话摘抄下来，反复诵读，从而达到理解课文重难点的目的，并积累了语言，认识了"价值"的真正含义。正是在阅读教学中坚持"多读多摘，摘中积累，课外延伸，多写多练"的教学思路，大大提高了孩子们学习的效率，并积累了丰富的语言。

二、在"反复背诵"中积累语言

《语文课程标准》提出：诵读比简单的朗读更有助于从作品的声律气韵入手，体会其丰富的内涵和情感，又不像朗诵那样具有表演性。这一方法有助于积累素材、培养语感、体验品味、情感投入，达到语文熏陶感染、潜移默化的目的。反复熟读成诵是语文教育优秀传统中一种有益于积累、有效地提高语文能力的好方法。抒情诗文、优美句段要反复朗读，采取形式多样的方法进行背诵。小学生年龄小、头脑灵、记性好、记得牢，从小注重培养和加强他们的背诵功夫，应是小学语文教学中不可忽视的一个重要环节。阅读教学中可配乐朗诵、同学间合作交流背、同桌互背、竞赛激趣等。

小学生在多数时候喜欢跟着兴趣走，如果一味地强调让其苦记苦学，必然使学生感到乏味甚至反感。在学习课文《春天在哪里》一文时，给学生限定时间，让男生组、女生组开展竞赛背诵，自己喜欢哪一节就背诵哪一小节，孩子们在好胜心的驱赶下，在你追我赶中产生兴趣，在不知不觉中超额完成了任务，并且积累下了不少好词佳句：微微吹动、薄薄细细、飘飘洒洒；草儿醒过来，换上绿的新衣；春天的太阳那么暖，那么亮……

可见，在反复背诵中可以培养语感，体验品味语言，有意识地在积累、感悟中提高自己的欣赏品位和审美情趣。

三、在“随文笔记”中做好积累

“好记性不如烂笔头。”在阅读的过程中，把自己喜欢的好词好句，精彩句段，特别是成语、名言、格言、对联、谚语、古诗词及时摘抄下来，加以归类整理，或者把读书后的感受写下来，都是积累知识的好方法。

学习新的课文前，我会让孩子们先在课文中找出10个自己认为最好的词语来，再汇报交流。孩子们对于这一项任务是充满乐趣的，因为难度不大，而且可以与众不同。汇报时，他们都跃跃欲试，准备大展身手，看看自己找到的好词和同学、老师眼中的好词是否一致。在学习《火烧云》这一篇课文时，一个女同学找到了这样的词语：紫檀色、红彤彤、金灿灿、半紫半黄、半灰半百合色、葡萄灰、茄子紫、梨黄、模糊，等等。其他的孩子们也大致找到了这些表示颜色的词语。待老师的好词也告诉大家后，孩子们兴奋至极，他们认为自己的眼光和老师相近，也能和老师一样，找到那么美丽的词语。通过汇报，孩子们还得出了这样的结论：原来表示颜色的词语是那么丰富多彩的，不仅仅是红黄蓝绿这样简单，还可以用文字把色彩表现得如此炫灿。趁机，我让孩子们在这些词的旁边注上“表示颜色的词”，并强调可以在以后自己的作文中用上它们，就不会是单调的一些白色、黑色之类的词了，而是像半灰半百合色、茄子紫、半紫半黄……多姿多彩的，生动极了！这样，学生不光认识了这一些词语，还认识了这一类或几类表示颜色的词语。学生在学文的同时也可以提醒他们进行随文标注，做好笔记。这样做，不仅丰富了学生的知识，而且让学生学会了感悟文章的语言之美，在阅读中受到美词佳句的熏陶，也能积累语言，从而让他们的写作血肉丰满，大放异彩！

四、在“读书笔记”中积累语言

徐特立有“不动笔墨不读书”的名言，也是强调记读书笔记的意义。写读书笔记是读写结合训练的一种有效方式。写读书笔记，既有助于探索正确的阅读方法，养成良好的读书习惯，又可以积累和运用语言，训练写作能力，是一举多得的一种综合训练。古人有条著名的读书治学经验，读书“四到”：眼到、口到、心到、手到。“手到”就是做读书笔记。做读书笔记，是指在阅读过程中，遇到有价值的东西和自己的心得体会，随时记录下来。在语文教学中，我经常及时向学生推荐好书阅读，更注意教给学生读书的好方法，让学生坚持做读书笔记即是其中之一。长期积累，既培养了学生的读书兴趣，又提高了学生的阅读理解能力和积累运用语言的能力。

我的做法是让每个学生都准备好一本精美的日记本，本子上有每个同学的个性签名，孩子们的收集内容比较广泛：有作者姓名、摘抄时间、出处、好词、佳句、感想收获……还可以摘抄并评析优美句段、仿写优美句段、归纳文章或文段中心、写读后感等等。孩子们把自己学过的课文中最喜欢的好词佳句找出来，大家一起交流分享。比如学习了《成长》一文，有的孩子找到了“恍然大悟”“纷纷扬扬”“大雪纷飞”“漫不经心”等好词，然后对于不理解的词语，他们就通过上下文去猜度，还可以去查工具书。在感想收获中，每个孩子的收获都是颇丰的。学习了《树叶都是绿色的吗》一文，有孩子在感想收获中这样写道：学完了这篇课文，我明白了世界上的任何事情都是不简单的，需要你自己深入地去理解，亲自去实践，不能别人怎样就怎样。在学习《爷爷的芦堤》一文时，爷爷爱说的那句话“海边的孩子，不沾点儿海水就长不结实”被孩子们摘抄下来了，也从中体会到：人只有从小经受风雨磨练，才能健康成长，成为意志坚强的人……

孔子曰“言之无文，行而不远”，就是说：语言如果没有文采，它的影响力就不会久远。没有味道的语言，犹如一杯白开水。教学中我们要多途径、多方位地鼓励学生搜集好词佳句，多积累、多背诵名言名句。凭借以上方法，学生的语言运用频率不断加大。学生在不断运用语言中，既激活了自身的语言积淀，又吸收了其他的新鲜语汇，不断丰富自身的语言。“浩瀚的海洋来自涓涓细流，广博的学识全凭日积月累。”积累的好习惯的形成，不仅可以丰富学生的语言，培养语感，还可以让学生积累语言，养成良好的阅读、写作习惯。

积累与运用习作素材的方法

我在日常的教学过程中常常鼓励学生多读课外书，把自己感触最深的好词佳句及时收集在自己的积累本中，以便在写作的过程中灵活运用，学生也能按照老师的要求完成积累。可是当我检查学生的积累本时，却发现很多学生所积累到的“好词佳句”都是为了完成老师布置的任务而敷衍了事的，并没有真正积累到为我所用的素材，故此类学生在写起作文的时候常常无话可说，或是有话要说却内容混乱，语言干瘪，表达不出自己的内心感触。追究原因，细细分析后发现，主要是因为学生不懂得作文感知，只凭无意识的生活直接来凑集作文材料，敷衍成文。为了使学生真正积累到为我所用的素材，我从以下几个方面来指导学生积累与运用习作素材。

一、在追踪观察与体验中积累与运用习作素材

《语文课程标准》在写作的第三学段中明确提出：养成留心观察周围事物的习惯，有意识地丰富自己的见闻，珍视个人的独特感受，积累习作素材。山区的学生生活在农村，而农村是一个万花筒，学生不但可以目睹许多作家笔下神奇而美丽的自然风光，而且可以亲身体验各种生活乐趣，它为农村学生写作提供了取之不尽的习作素材。但由于学生在观察的过程中都是杂乱无章的，无目的的，所以哪怕学生眼前呈现过再多的生活素材，他们都是视而不见、过耳不留，学生在自己的习作过程中也不知道该怎样捕捉和运用素材。故此，在上指导写作课之前，我常常提前一周有计划、有目的地引导学生追踪观察、体验，例如在指导学生写“家乡的一处景物”，指导写作前我先给学生设计好“一周追踪观察卡”，（观察时间：____。天气：____。最吸引我的

一处风景：____。联想到的好词佳句：____。感触：____），建议学生观察的时候先选定好一处主要的景物，然后再追踪观察这处景物在早上、中午、傍晚或阴天与晴天时的变化，并把自己当时观察过程中想到的好词、佳句及时尝试向身边的人讲出来，事后及时把自己的感触用简短的话语写下来。指导课时，教师先收集好学生的“一周追踪观察卡”，把选址相同的学生编为同一个学习小组，让学生在小组内相互阅读“一周追踪观察卡”，鼓励学生在小组内尽情交流自己的发现与感触。待学生交流完后，每组选一到两个学生进行口头作文。学生通过教师这样的引导能在有计划、有目的的追踪观察与体验中捕捉形象，积累表现，丰富感性认识，进而进行分析、综合，概括、提炼出对生活的认识、思想和感受，以此为中心，组织材料，安排结构，再进行作文，就能运用语言文字把自己对生活的认识和感受具体形象地表达出来。

二、在模仿中积累与运用习作素材

一本语文书，除了包括汉语知识外，也是一本思想修养书，一本作文教科书。S版义务教育课程标准实验教科书充分体现了加强积累的思想。比如在课文中间通过提示，引导学生主动进行积累；在课后练习中通过朗读、背诵，加强段落、篇章的积累；通过读读抄抄，加强词、句、段的积累；在语文百花园中通过读读背背、积少成多，加强古诗、谚语、成语等传统语言文化的积累等等。小学生对感性的东西容易接受，模仿性强，在写作过程中他们模仿的内容包括词语、句子、选材、写景、构思等等。抓住小学生的这种年龄特点，利用教材结合单元习作的要求，在设计教学课文的时候，我鼓励学生在课前预习时先画出自己感触深刻的词句，并在课文的空白处写好旁批，以便学生理解课文的同时为写作积累与运用素材做好准备。例如在指导四年级学生写“某个节日的有趣场面”，为了使学生能在写作过程中合理运用素材，写出节日的特点，表现出节日的气氛、我在指导写作课上采用课件再现课文《虎门销烟》中的这段话——老年人边听边点头，笑呵呵地捋着胡须；青年人兴奋地挥着拳头，赞不绝口；顽皮的孩子们在人群里钻来钻去，高兴地叫喊着：“烧洋鬼子的大烟了，快到虎门滩去看哪！”让学生在领悟课文不同人物在相同情感下的不同行为表现的基础上捕捉住作者是如何选择生活素材，巧妙运用素材来描写场面的，然后通过师生、生生间的交流、唤醒学生记忆中的素材，潜移默化地把学生的思维迁移到节日氛围中，再现生活素材，最后模仿作者的表达方法，有意识、有程序地把自己积累的材料运用于作文中来。如学生这样仿写：团圆饭后，就到祠堂放烟花了。村里的男女老少陆陆续续来到祠堂门口，老年人眯着眼睛，笑呵呵地交谈着；青年人嘻嘻哈哈地围在一起拆烟花；顽皮的孩子们穿着新衣服在人群里跑来跑去，高兴地喊着："放烟花喽！放烟花喽！"

教师在教学中始终联系作文来教学，积累学生的习作知识。在作文指导课上，选择与学生实际水平和该次作文训练要求相吻合的典型范文，作为学生作文的模仿范本。学生长期作灵活模仿的训练，作者的思想感情、认识方法、写作技巧等就会感染传授给学生。

三、在听、说中积累与运用习作素材

萧伯纳说过，你有一个苹果，我有一个苹果，相互交换，彼此还是一个苹果；你有一种思想，我有一种思想，相互交换后，彼此都有了两种思想。一个班级是一个思想汇集的群体，更是一个素材丰富的宝库。每个学生的生活环境不同，阅历也不一样，自然所积累的素材也不尽相同，教师如果引导学生围绕习作要求，把自己平时积累到的素材在班上与同学交流分享，不但可以提高学生组织语言的能力，还能为学生的写作提供素材。例如在指导学生写"介绍自己喜欢的风味食品"，习作要求是这样的：（1）这种食品叫什么？外形怎样？它是用什么原料做的？是怎样制作的？（2）这种食品怎么吃？味道怎么样？吃的时候应该注意什么？（3）你知道这种风味食品的来历或相关故事吗？这样的习作要求看似简单，但对于现在的孩子，多半是知道自己喜欢吃什么，但对于介绍这种食品是用什么原料做的，是怎样制作的，难度就高了。为了使毫无生活经验的学生能清楚、正确地在习作中介绍自己喜欢的风味食品，我鼓励学生课后尝试动手制作，并向身边的人了解或查找有关这种食品的相关资料，及时在积累本中做好记录，待学生都收集到相关的知识后，利用一周的时间在每节语文课前抽出五分钟的时间让学生把自己收集到的素材读给别人听，一个学生说一个或多个材料，尽量让学生说。说的学生通过"说"进一步理清了自己积累到的素材该如何表达了，听的同学也能在“听”的过程中了解到更多的相关素材。最后老师再用一节课的时间通过师生、生生交流指导学生取舍、集中、收束，从积累本中寻找与文章主题关系密切的内容，然后将这些挑选出来的内容按一定的顺序梳理成自己的文章。同时，教师采用各种方式告诉学生该次作文容易写好，只要达到习作要求中的一点或两点就是好作文，以此增强学生在写作过程中灵活运用素材的信心。

叶圣陶先生说：“生活就如泉源，文章犹如溪水，泉源丰盈而不枯竭，溪水自然活泼泼地流个不歇。”要使学生在习作中灵活巧妙地运用生活素材，就要激发学生对生活的热爱，想方设法调动学生观察、思考和练笔的积极性，发挥学生的创造性，用语言文字表达真情实感，学生的习作能力就能迅速提高。

培养灵活运用作文素材能力的方法

积累素材是写好作文的基础和前提，如何把积累的素材精华运用到文章当中则是写作的关键。《语文课程标准》对三、四年级学段的学生就提出："尝试在习作中运用自己平时积累的语言材料，特别是有新鲜感的语句。"如果只重视了素材的积累，忽视了素材的有效运用，学生的写作水平就得不到应有的提高。只有把作文素材的积累和运用结合起来，才能将素材的精神营养沉淀在学生的心里，并能快速地提高学生写作的水平。那么，如何培养小学生灵活运用作文素材的能力呢？下面就谈谈我的一些做法。

一、读写结合，以读促写

古人曰："读书破万卷，下笔如有神。"又云："熟读唐诗三百首，不会作诗也会吟。"可见，读书对写作有非常大的帮助。因此，提高学生的作文水平要从读做起，在读的过程中无形地得到运用作文素材的训练。

（一）培养学生品读赏析

在早读课上，阅读课中，把握好每一次朗读的机会，让学生张开嘴，正确、流利、有感情地进行朗读，通过分角色读、个人读、齐读等多种形式的读，让学生品出文章的情韵、意境和气势，加深学生对文章的理解的同时让学生形成一定的语感，从中学习到如何运用语言表情达意。除此，对于一些语句优美、独具特色的段落，我让学生熟读成诵。这样，久而久之，学生从读的训练中形成自己的语感，行文时便自然而然地注意情感的表达，使文章一气呵成。

（二）养成“不动笔墨不读书”的好习惯

我要求学生养成“不动笔墨不读书”的好习惯，在读书时，遇到不认识或难懂的字词立刻查工具书并注在书页的空白处，帮助了理解和记忆，为下次阅读扫清障碍；在读书时，培养学生的概括能力，善于用精炼的语言把段落的大意记下来；在读书时，对文章用词、采用手法及其好处、提出的观点等等可能产生各种感想、见解、疑问，随手把它们写在书的空白处……这样，学生从思维到批注的过程中，就是素材的一种积累与运用。

二、由说到写，以说促写

平时多锻炼学生的口语表达能力，让学生的口语表达具有一定的水平，能说出心中想说的话，从而因势利导让学生“我手写我口”，把口语转变为书面语。例如，我在作文课上举行“作文接力”：四人为一竞赛小组，用接龙的方式，每人完成大约100字的片段，四人共同完成一篇作文；要求学生围绕一个主题，突出一个重点，阐明某种见解；然后小组与小组之间进行作文质量和速度的比赛。又如我利用活动课进行“课堂演讲”：课前先告诉学生题目，让学生做好准备；然后开始讲，每人限讲三分钟，口述见闻、说明事理、发表意见均可；演讲完毕，再让学生归纳整理，记录下来。除此，我还采用自编小故事、说笑话、演小品等一些活泼的形式，让学生在各种活动中得到展示，并充分调动所积累的作文素材知识进行讨论、口语交流或书面表达。这样，学生不仅可以锻炼了口语表达能力，而且从多个角度对所积累的作文素材进行了巩固和运用，逐步使他们产生一种“写”的欲望，产生写作的激情。

三、运用素材，坚持练写

我通过对学生进行“每课一练，每天一段，每周一记，课堂随练”的训练，指导学生把平时积累的素材运用到平时的写作当中，坚持练笔，提高作文水平。

（一）每课一练

俗话说：“不积跬步，无以至千里；不积小流，无以成江海”。因此，扎实地对学生进行运用语言文字的训练是很有必要的。为此，我在语文课开始的五分钟将课堂完全还给学生，在每节语文课上课前五分钟左右的时间，进行语言文字运用的训练，例如把当天积累的好词语进行说话训练、用四要素说自己的见闻，修改病句等。经过一段时间的练习，学生运用语言文字的能力在不知不觉中提高了。

（二）每天一段

写“每日一段话”是书面积累和运用素材的好方法。“每日一段话”篇幅不限，可长可短，只要一段即可，这样，由于量少，学生花费的时间不多，而且便于修改斟酌，提高遣词造句和语言表达的能力。我在操作时，坚持细心跟踪、检查、批阅，督促学生做到“书写要细心，尽量不出现错别字；遣词造句要细心，尽量不出现病句；表情达意要细心，语段通晓流畅，语言准确生动”。这样长期坚持，形成习惯，错别字、病句越来越少，语言表达越来越准确，语段越来越流畅，作文基础越来越厚实。

（三）每周一记

我要求学生每个星期写一篇日记，写下自己想说的话，大胆表达自己的观点和看法，写出自己的真情实感。另外要求学生在写周记时，先运用平时见到的、收集到的词语、句子，当学生感到自己语言贫乏便会促使自己去学习语言，积累词汇。记一篇日记，都要通过分析、比较、综合、筛选，从纷繁的事物中，选择出值得写的事，从而锻炼和提高了学生独立选材能力。这样长期的训练，不但能使学生语言运用得更熟练，而且运用语言的技巧也会提高。

（四）课堂随练

课内阅读是小学生作文材料积累与运用的主要阵地，教师可以根据课文内容随机进行复述、仿写等练习。例如以复述训练帮助学生运用作文材料，我结合课文，对一些故事性比较强，篇幅比较长的课文，要求学生正确、规范地改变书面语的词句，或者改变表述方式，甚至改变内容顺序进行复述练习。这实质上也是一种口头作文训练，而这种口头作文训练，在提高学生组织语言能力的同时，也实现了语言材料的运用及再积累。又如，对学生进行仿写训练，引导学生学习范文，再仿其神、仿其法地进行作文，指导学生把阅读中学到的“怎么写”

的知识通过模仿运用到作文实践中，让学生在模仿中形成写作技能。如读《火烧云》后可仿写一些事物的变化状态，读过《参观人民大会堂》一课可学习按方位顺序介绍建筑物。这样的训练如同习字时描红，降低了写作难度，学生感到写作亦有矩可循，既减轻学生对写作的畏惧心理，又能把积累到的写作方法和技巧予以运用，从而提高学生的写作能力。

四、反复训练，营造氛围

叶圣陶先生说，“必须督促学生循规蹈矩地练，日积月累地练，练到非常纯熟再也丢不了，学生才真正有了这项能力了。”积累下来的作文素材要经过反复地运用才能变成学生自己的语言。因此，在语言训练的过程中，我注意营造浓厚的氛围，进行反复训练，在课内课外，写作文时、课堂上发言、与他人交谈等场合都引导学生要养成运用所学的语言的习惯；在批改作文时不惜用“放大镜”的眼光去挖掘学生作文中的闪光点，小到哪怕只是几个词用得较好，也在旁边批上“生动、精彩”等；在作文课中进行诵读品文，将他们所写的生动的句子、精彩的片段、优秀的作文当堂朗读；对于每次作文，我都尽力做到“慧眼”识佳作，将本班学生中写得较好的文章，优美的词语、句子、片段，精彩的开头、耐人寻味的结尾、新颖的选材、与众不同的写法、恰当的修辞方法登在“学习园地”，供大家阅读、欣赏、学习，并要求学生将优秀的习作用300格稿纸抄好，结集成班刊——《小荷》，而且依时间先后安排好目录，挂在教室的作文栏上，让学生不时观看学习。总之，学生品味语言习惯的形成，学生语言的翅膀必将日益健壮。

培养自改作文能力的方法

玉雕为饰，文改为章。关于作文教学，叶圣陶如是说："学生作文教师改，跟教师命题学生作文一样，学生都处于被动的地位。能不能把古老的传统变一变，让学生处于主动地位呢？假如着重在培养学生自改的能力，教师只给些引导和指点，该怎样改，让学生自己去考虑，去决定，学生不就处于主动地位了吗？养成自己改的能力，这是终生受用的。"《语文课程标准》对学生作文训练也提出了明确要求，特别是学生自改作文能力的训练，对中年级提出"能修改习作中有明显错误的句子"，对高年级提出"能初步修改自己的习作，并主动与他人交换修改，做到语句通顺，行款正确，书写规范、整洁。"可见，放手让学生修改自己的作文，培养学生的自改作文的能力，是当前作文教学中一项刻不容缓的工作。那么教学中如何培养学生自改作文的能力呢？

一、激发兴趣，生自改作文之根

"知之者不如好之者，好之者不如乐之者。"兴趣是最好的老师，是推动学生探求知识的原动力。因此，要培养学生修改自己作文的能力，关键是要激发学生积极主动修改自己作文的兴趣。每次习作，我都能坚持写下水文，并展示给学生，让学生品评。这样，我亲自写作的举动将会产生一种无声的动力，用自己的实际写作过程与修改作文的过程去感化学生，赢得学生的钦佩，使学生从中也能发现自己习作中的不足，找出差距，燃起自改作文的兴趣。古今中外许多著名作家都有修改文章的逸闻趣事，如我国古代文人贾岛"推敲"的典故，叶圣陶先生对文章精雕细琢的故事，托尔斯泰改稿的故事，《红楼梦》的作者曹雪芹"披阅十载，增删五次""字字看来都是血，十年辛苦不寻常”等。我根据学生爱听故事的心理特点，结合班队活动，讲给学生听。这样，无形中就使学生明白自行修改作文的重要性和必要性。名人关于修改文章的论述中不乏精辟独到的见解，我就发动学生搜集那些浅显易懂的修改作文的名言警句。比如：列夫·托尔斯泰说的“不要急于写作，不要讨厌修改，而要把同一篇东西改写十遍，二十遍”；艾芜说的“写作还有一个过程，就是修改过程。修改时，把作品当成不是自己的，从别人的角度上去吹毛求疵，冷静地修改”。这样，让学生懂得文章写完后反复修改，能使文章更加完美，真正放射出作品的诱人光芒，从而激发学生自改作文的兴趣。

二、教给方法，萌自改作文之花

在学生对修改作文有了兴趣之后，当务之急，我便循序渐进地让学生掌握一套修改作文的方法。

（一）明确修改符号

老师教会学生一整套统一修改作文的符号，并在具体的批改过程中熟练掌握并灵活运用这些修改符号，使他们终身受用。删除号：用来删除字、标点符号、词、短语及长句或段落。恢复号：又称保留号，用于恢复被删除的文字或符号。对调号：用于相邻的字、词或短句调换位置。改正号：把错误的文字或符号更正为正确的。增添号：在文字或句、段间增添新的文字或符号。重点号：专用于赞美写得好的词、句。提示号：专用于有问题的字、词、句、段，提示作者自行分析错误并改正。调遣号：用于远距离调移字、标点符号、词、句、段。起段号：把一段文字分成两段，表示另起一段。并段号：把下段文字接在上文后，表示不应该分段。缩位号：把一行的顶格文字缩两个汉字符，表示另起段，文字顺延后移。前移号：文字前移或顶格。小语课本中，从第七册开始便要求学生使用不同的修改符号，到了六年级已要求学生能综合使用。第十一册第三单元，把“认真修改自己的作文”作为本单元习作训练重点，要求学生不但要学习叶圣陶、欧阳修等古今著名文学家严肃认真、一丝不苟修改文章的良好品质，而且能运用修改符号修改一段话。故此，我以这些修改符号及其用法来规范学生修改文章，不断强化，熟练运用，统一要求，并在批改中运用这些符号，再加上启发性批语，让学生动脑、动手去修改自己的习作，逐步形成修改自己作文的习惯。

（二）掌握修改方法

修改作文的基本方法有以下几种：换——就是去掉作文中的错别字、不恰当的词，以及病句和不正确的标点，而代之以正确的字、词、句、标点。训练学生自己修改作文，就要从字、词、句、标点这些最基本的东西抓起。调——指调动词、句、段的次序。作文中常有词序、句序、段意错乱的情况，调整其次序，可使文章衔接更紧，文字更富有表现力。删——指删去多余的字、词、句、段，将啰唆的语句修改得简洁明了，将与中心无关或重复或多余的材料删去，力求做到“丰而不余一字”，使语言畅顺，文字简洁、精当。增——指增添必要的字、词、句甚至段落。对语句衔接不当，文义不够贯通，意思不够准确的地方适当增添，使文章通顺、明白、充实、生动，力求做到“约而不失一词”。

（三）朗读品味修改

“书读百遍，其义自见”。学生对于语言的敏锐度，主要是从朗读中体会出来，边读边改，既运用视觉又运用听觉，是培养学生自改能力的有效途径。学生习作完成后，可先让他们大声朗读，看看文章的结构布局是否合理，有没有拗口的词句。然后，让学生轻声读，边读边推敲、揣摩，多问几个为什么，然后再进行全面修改，使之达到语句通顺、内容具体。最后，再次让学生放声有感情地朗读，学生通过有感情朗读，借助语感，看看自己的习作是否朗朗上口，同一个内容，同样一个意思，能不能换上一种具有时代气息的说法或用上掌握的词汇、句式及修辞手法进行提高性修饰、润色，这是提高过程。学生通过反复朗读，借助声音刺激，凭借语感，经历着发现—修改—提高的三个过程，有效地提高学生自改作文的能力。

三、创设氛围，开自改作文之花

创设自改作文的氛围，放手让学生自己改文，才能充分发挥学生的主体作用，使他们把作文批改看成是作者分内的事，让他们在作文批改中动脑、动手，提高作文素质。

（一）营造和谐练改氛围，引导自改

现代教学论认为：良好的课堂氛围可以成为传递知识的无声媒介，可以成为启迪智慧的钥匙，可以成为陶冶品德的潜在力量。我尽量放手，鼓励学生大胆尝试，并用信任、赏识的心态对待每一个学生，多给学生微笑，多用幽默的语言，多给学生鼓励。同时，在课堂教学中创设多种形式进行自改作文的练习。①个别指点。给个别学生当面指点，具体辅导。如在指导起草作文时，通过巡视，若发现个别学生在写作上存在问题，就及时给予指导帮助。②集中讨论。从全班作文中挑出具有代表性的文章，组织学生集中讨论修改。如在作文修改课上，教师给学生提供段落层次结构上的增、删、调、换等范例，对照修改要求，通过集体分析，提出修改意见后，再通过指点、归纳、总结，启发学生根据大家讨论的意见，用举一反三的方法，修改自己的文章。③自我批改。在学生掌握一定批改知识的基础上，组织学生自我批改。教师在指导学生明确批改任务、提出具体的批改要求、交代批改方法后，放手让学生根据统一的批改符号及教师的批改要求自我批改。④相互批改。在学生个人批改的基础上，让同桌互阅、互改、互批，着重从字、词、句和标点符号的运用上互相检查、反复推敲、细致修改。

（二）结合阅读课文教学，促进自改

学生修改作文能力的形成，不是一朝一夕、轻而易举可得的，平时必须把阅读、写作、修改有机地结合起来，坚持“教、学、做”合一。在阅读教学中，要求学生读懂每一篇文章的结构、前后内在联系及写法，理解每一句话表达的思想感情，每一个段落与中心内容的关系。我还注意在某一个句子中增或减掉一个字，换上一个词，让学生对比哪种句子表达得好，为什么？如教学《开国大典》一文，让学生体会“他们清早到了北京车站，一下火车就直奔会场”中的“直奔”一词，可否换成“走向”，充分体会作者的用词准确。除此，还可通过句子的比较，段落的换序等方法，把阅读教学和作文教学充分结合起来。通过阅读教学，使学生了解作者谋篇布局、遣字造句等多种方法，教师运用学习迁移的规律，让学生把学到的方法运用到修改作文中来，让学生在潜移默化中提高修改能力。

（三）结合课外练笔训练，加强自改

教师要千方百计地给学生创造系统练改的机会。在平时的作业布置中，教师可多布置些练笔作业，如日记、周记，严格规范修改任务，把它作为一项重点内容来抓，要求学生认真对待。对于修改后有明显进步的文章，可采取张贴展示或集体评议的方式，对作文者本人予以肯定。久而久之，对于修改各种类型的作文，学生必将熟能生巧，大有长进。除此，还适当开展一些作文兴趣活动。如设立文章病院，在学习专栏内每日张贴一些有语病的句、段激励学生试着改，还可以出示一些教师对存在语病的句、段的示范修改。通过和学生互动式的交流修改的意见和看法，营造一种和谐、互动的修改氛围，让学生养成良好的作文修改习惯。

四、体验成功，结自改作文之果

苏霍姆林斯基说过："成功的欢乐是一种巨大的情绪力量，它可以促进好好学习的愿望。"习作评价，不仅要针对习作的最终结果，更要关注习作过程的不断提高、不断成长的过程。在学生修改作文的过程中，我首先挖掘修改中的闪光点，不断肯定每位同学的任何一个细微进步，把赏识毫不吝惜地送给学生，千方百计地让学生感受到成功，从中体会到甜美与快乐。我尽量给学生提供自改作文展示的机会，展示班上修改较好的同学的手稿，让学生感受到好文章确实是精心修改出来的。让一些同学将初稿复制在U盘上，带到学校当场自改，还让其他同学提出可借鉴的意见，使文章增色不少；再让作者和读者反复品读、比较，感受自改与互改作文带来的喜悦。除此，我还把文学作品中修改的手稿打印出来，让学生观读，使其感受作家如何修改文章。

"诚于嘉许，宽于称道"，是培养自改作文能力的加油站。批改作文时坚持多就少改、多批少改；讲评作文时以鼓励为主，尽量多肯定，特别是对于一些作文较差的学生，有时不惜用"放大镜"的眼光去挖掘学生作文中的闪光点，小到哪怕只是几个词用得较好，也在旁边批上"生动、精彩"等，使学生看到自己作文成功的希望，树立能写好的自信心。作文是学生本人的"劳动成果"，重视他们的"劳动成果"，会给他们带来巨大的自豪感和成就感，更能促进他们修改作文的动力。因此，对于每次作文，我都尽力做到"慧眼"识佳作，并要求学生将

优秀的习作用300格稿纸抄好，结集成班刊——《学生优秀习作选》，挂在教室的作文栏上，让学生不时观看学习。这对于被选中的同学来说，是一种荣誉、鼓励；对于没被选中的同学来说，又是一种鞭策。这样长期坚持下去，就能很好地培养学生自改作文的能力。

习作单元的教学策略

小学语文统编教材里与以往的教材编排方式有所创新，其中就是新编排了一个习作单元。习作单元在结构体系上与其他单元有较大的区别，整个单元一般包括四大部分：精读课文，“交流平台”和“初试身手”，“习作例文”，“单元习作”。习作单元的内容都是围绕某项关键的习作能力编排的，以习作能力的达成为目标，各部分紧密联系。那么，如何充分利用统编教材习作单元编排优势，把握统编教材的习作单元核心内容，探寻有效的教学策略培养学生习作能力呢？下面是我在实际教学中采用的一些教学策略，有效地提高了习作教学质量与教学水平。

一、把握单元整体，加强板块融合

统编教材的习作单元由拥有自身的独特功能的六大板块组成，都是指向培养学生习作能力的达成。为了加强单元内部的横向联系，使各版块内容形成合力，共同促进学生发展，我教学时首先统观教材的整体，清楚习作单元的教学定位和意图，明确习作单元的编排特点，把握培养习作素养的目标；然后紧扣单元目标，分析单元内六大板块的功能与关系，围绕单元语文要素一以贯之，结合学生已有知识，合理进行教学设计。

例如进行四年级上册第五单元教学设计时，先明确本单元的语文要素，在教学时围绕这一目标进行板块之间融合。在教学两篇精读课文《麻雀》《爬天都峰》时融入“交流平台”中的内容。在教学“交流平台”时又回顾《麻雀》《爬天都峰》来引导学生总结把一件事情写清楚的方法，接着让学生通过“初试身手”进行初步尝试。在“习作例文”“单元习作”教学时，先让学生明确“单元习作”的要求，再带着这些要求来学习“习作例文”，感悟作者是如何把一件事说清楚的。这样，把整个单元的各个板块融为一个整体来把握，围绕“怎样把事情写清楚”这一核心目标开展教学，在教学过程中始终着眼学生基本习作能力的培养，注重单元语文要素的前后联结，教学资源的梳理、整合、拓展，强化各方联系，将单元各部分内容进行整体规划、统筹考虑，分别在每一阶段设置了不同的习作任务，达成了不同的习作目标。

二、聚焦语文要素，梳理习作例点

部编版各册小学语文教材各习作单元的语文要素是螺旋式上升分布的，由浅入深，由易及难。在进行单元整体备课时，我们要聚焦单元的语文要素，从编者意图、文本解读、学生实际等几方面与其进行“对话”，以梳理出相应的习作例点。在此基础上，设计出符合学生认知和教材主旨的、有层次、有深度、有价值的教学环节。

（一）与编者对话，进入精准教学轨道

统编教材创新之一是以培养习作能力为核心专门编排了习作单元。与编者对话，认真分析教材的编排特点，把握编者意图，可以快速进入精准的教学轨道，有效开展相关读写实践活动。例如，四年级上册第五单元以“把一件事情写清楚”为主线编排了六大板块：“导语”点明了语文要素，即习作要求；两篇精读课文以及课后练习题主要引导学生学习表达方法，《麻雀》的课后练习题为“课文是怎样把下面的内容写清楚的”，《爬天都峰》“课文是怎么把‘我’爬山的过程写清楚的”；“交流平台”则是将这两篇课文进行联系、比较，让学生梳理总结“把一件事情说清楚”的方法；“习作例文”《我家的杏熟了》《小木船》生活气息较浓，与学生的生活贴近，按照“起因—经过—结果”的事情发展顺序写作，让学生进一步感悟、积累把一件事说清楚的写作方法；“单元习作”则是学生对在本单元所积累的习作方法的实践运用。有了这样与编者的对话后，更容易梳理出有针对性的课堂教学序列，有针对性地通过一系列阅读和习作活动，引导学生认识和掌握把一件事情写清楚的方法，并运用到习作实践中去。

（二）与文本对话，抓住教学主线

教材中的文本都具有典范的意义，而课堂时间是有限的，教师无法面面俱到地将文本中的每一个闪光点都涉及，这就要求教师钻研教材文本，读懂文本，把握文本精华，抓住教学主线，有所选择地积极引导学生进行主动思考与发觉。例如四年级上册第五单元的精读课文和习作例文，都是用第一人称叙写的，在“起因—经过—结果”的结构处理上都非常清晰，不仅将事情的来龙去脉交代得清清楚楚，而且将事情发展过程中的每一个细节都说得非常明白晓畅。《麻雀》一课中，老麻雀在庞大的猎狗面前奋不顾身地保护小麻雀所表现出来的无畏但内心又非常害怕的样子；《爬天都峰》中“我”和老爷爷都没信心爬上峰顶，最后互相鼓励爬到又高又陡的天都峰顶；《我家的杏熟了》中奶奶打杏子分给偷我家杏儿的小伙伴；《小木船》中的“我”跟陈明友谊破裂，以及“我”和陈明和好的过程。这样细读教材后，我们对四篇文章在阅读时所要体现的侧重点清晰了然，并且更能灵活地选择事情叙述的视角。在我们备课时，就要注意如何让这些细腻的文字为学生掌握习作方法提供了生动的范例，使我们课堂读写共享。

（三）与学生对话，锻炼其深入思考的能力

在习作单元教学中，将精读课文中内含的写作知识内化为学生习作能力，离不开与学生对话，进行真实的语用实践。例如，四年级上册第五单元，在学生读懂了《麻雀》一课中作者融入自己的心理活动，将老麻雀对抗猎狗、保护小麻雀的过程写得非常清楚后，可以让学生对照课文插图，想象猎狗此时的表现，结合自己的心理活动说一说，锻炼学生深入思考的能力，从而渗透写清楚事情，可运用心理描写、动作描写、语言描写、外貌描写等。这种源于课文的与学生的对话，学生内隐的知识转变为外显的能力，从而真正实现了读写共生。又如在四年级下册习作单元《记金华的双龙洞》一文中，教师通过对文本的分析，引导学生运用思维导图呈现作者游览双龙洞的路线。这样，学生不仅对本篇课文有了更深的写作思路理解，同时为接下来的习作打下铺垫，引领学生在写游览过的一个地方可以按游览的顺序来写，可以把特别吸引你的景物作为重点来写。在“初试身手”板块，教师据此可以让学生能够现学现卖，自己也画一个这样的思维导图，举一反三，迁移运用。

三、巧用主题丛书，丰富个性表达

《语文主题学习》丛书紧扣教材单元主题，精挑细选的一篇篇美文佳作，其重要性不言而喻，值得细细品读。如何才能让《语文主题学习》丛书真正成为学生拓展阅读的一个重要支点，发挥其巨大的作用？

（一）先睹为快——预习读

在制定完单元目标时，布置学生提前阅读《语文主题学习》丛书中的相关篇章，让学生边读边画出自己喜欢的好词佳句，读完整篇后再将这些好词佳句读一遍即可，让他们享受自由阅读的快乐。这样，学生乐意徜徉在书海中，享受醇美的读书时光，从中又积累了与单元习作相关的表达语言。

（二）灵活迁移——精选读

在习作单元教学精读课文时，可以“一篇精读课文带一篇丛书的文章”或“一篇精读课文带多篇丛书的文章”，把精读课文拾得的方法在拓展阅读丛书文章时进行巩固、强化。例如，《通往广场的路不止一条》这一课，我提了一些简单的问题：主人公遇到了什么困难，又是如何克服的？文章又是如何表达的？获得什么启示？又如，结合单元习作，在单元导读时就让学生明确本单元的习作主题，围绕习作主题对身边的人、事、物进行观察、体验，同时推荐经典文章品读，交流好词佳句、写作方法，从而进行借鉴。这样的阅读不是“听取蛙声一片”，而是“为有暗香来”，可以说找到了好的一个“训练点”，让“读写联动”不流于形式，使其真正有效地促进学生的表达能力。

（三）移花接木——尝试写

要求学生写摘抄笔记，在阅读丛书的过程中把读到的好词语好句子摘录下来，而且练习加上自己的语言进行重新组合。例如，用摘抄到的好词语造句，仿写好句子好段落。这样进行尝试写的训练，可以加深学生对丛书内容的理解，将教材中的语文要素落实点延伸到丛书里训练，不仅积累了学生作文素材，还培养了学生对语言的感受能力和运用能力。

习作单元的精读课的教学策略

统编教材从三年级起每学期安排了一个习作单元，这种编排彻底改变了过去习作附在阅读之后的局面，突出习作在教材中的重要地位，也将改变教师在习作教学指导上的一些习惯做法。在实际教学中，习作单元里的精读课文在处理和使用的过程中有何具体、可行的策略？如何最大限度发挥课文的“例子”功能？笔者将从以下三个方面谈谈自己在实践中的思考。

一、以习作目标为导向，注重学习表达

统编版小学语文教科书四年级上册第五单元是习作单元，其语文要素指向习作表达，分别是“了解作者是怎样把事情写清楚的；写一件事，把事情写清楚”，安排了《麻雀》《爬天都峰》两篇精读课文。

（一）立足单元整体，明确精读课文的功能与地位

习作单元由单元页、精读课文、“交流平台”“初试身手”“习作例文”以及“单元习作”组成。从编排的结构不难发现习作单元内部的能力梯度：单元页点明习作目标，精读课文呈现表达方法，“交流平台”梳理与总结，“初试身手”尝试练笔，“习作例文”从旁指导，“单元习作”形成表达成果。本单元安排的两篇精读课文《麻雀》《爬天都峰》旨在引导学生发现作者是如何把一件事写清楚的，落实在阅读中学习表达。

精读课文之间既有联系，又各有侧重，其共同目标是学习按顺序写一件事，把事情发展过程中的重要内容写清楚。结合课后题的编排意图发现，《麻雀》作为习作单元的首篇精读课文，重点学习按照事情的发展顺序写事，把事情的起因、经过、结果交代清楚；知道如何把

看到的、听到的、想到的写下来，清楚展现事情发展过程中的重要内容。《爬天都峰》是学习按爬山前、爬山中、爬上顶峰后的顺序写一件事，通过写“怎么想”“怎么说”“怎么做”，把重要内容写清楚。精读课文与单元内各板块紧密关联。

1.精读课文与“交流平台”遥相呼应。“交流平台”以小伙伴讨论的方式对两篇精读课文的表达特点进行了梳理与总结，归纳出“把事情写清楚”的具体要求。

2.精读课文与“初试身手”是“学”与“练”的关系，体现了习作单元“学练结合”的编排特点。“初试身手”第一小题，编者从学校和家庭两个角度分别选取了学生熟悉的场景，要求学生发挥想象把图片的内容说清楚。这里的“说清楚”可以学习《麻雀》按事情的起因、经过、结果来说，也可以学习《爬天都峰》按活动前、活动时、活动后的顺序说。第二道小题要求学生观察家人做家务的过程，“用一段话把这个过程写下来，注意用上表示动作的词语”，训练学生把“重要内容写清楚”，意在突破“把事情写清楚”的难点。两道题有层次、有梯度，为学生尝试表达、练习表达提供了机会。

3.精读课文与大作文分别是本单元的起点与终点。大作文“生活万花筒”是学生形成表达作品，达成习作目标的过程。学生能否运用精读课文所学的表达方法把事情写清楚，是检验本次习作单元学习效果的重要指标。

立足单元整体，能更加准确地把握精读课文的功能与地位。精读课文是学生在阅读中学表达的载体，是学生学习把一件事写清楚的范例，是学生积累语言、运用语言的素材。

（二）聚焦目标，从“阅读理解”走向“学习表达”

《麻雀》是俄国作家屠格涅夫的经典作品。文章犹如“三千弱水”，值得品读与借鉴的地方很多，如，超越本能的母爱跃然纸上，小麻雀的外形描写体现了小麻雀的无助与惊恐，对猎狗、老麻雀动作、神态的描写细致、传神，猎狗攻击与退缩中形成鲜明对比等。《爬天都峰》同样极具特色：文章取材贴近儿童生活；语言亲切、自然；构段灵活、自由，有节奏；人物描写细致、生动等。如果教学精读课时，每一处表达技巧都要面面俱到，课堂必然是教师灌输、学生被动附和的无效学习。

“弱水三千，只取一瓢。”基于习作单元的总体目标和编排特点，这“一瓢”应指向学习表达，指向每一课的教学侧重点。教师应对教学内容进行合理取舍，删繁就简，引导学生从“阅读理解”走向“学习表达”。

1. 关注学生已有经验。

“维果斯基的‘最近发展区’，指的是儿童一个人可以达到的现有的发展水平与通过他人或者道具等媒介的帮助后可能达到的未来的发展水平之间的区域。”该理论给我们的课堂教学带来深刻的启示：要了解学生的现有水平；要着眼于学生的最近发展区，为学生提供适切的教学内容，调动学生的积极性，发挥其潜能。

学生在进入本单元之前有哪些已有经验呢？通过梳理不难发现，学生在三年级上册第八单元已经学过写一件简单的事，学生在本册第四单元已经了解“按事情的起因、经过、结果来写”的写作顺序，学生具备联系上下文、品悟关键语句、结合情境朗读等初步的阅读能力等。这些已有经验是学生从“阅读理解”走向“习作表达”的重要基础。

2. 设计指向“学习表达”的探究活动。

教学《麻雀》和《爬天都峰》时，教师应组织学生调用已有的阅读经验了解课文写了一件什么事，梳理文章的写作顺序。这是学生的“现有发展区”，学生“自能完成”，无需教师细碎讲解。在学生充分理解课文内容之后，应设计指向“学习表达”的探究活动。

位于习作单元里的精读课文，不能止步于“阅读理解”，“流连”于情感的品悟，反复于课文内容低位讲解，而应以目标为导向，删繁就简，放权于学生，在“阅读理解”之上开展指向“学习表达”的探究性学习。

二、以实践活动为载体，注重迁移运用

“只有当学习这种能力给个体带来更多的东西，特别是当个体能够利用其所学时，我们才对这样的学习感兴趣。”实践就是学生“利用其所学”的过程。

以《麻雀》为例。学生从《麻雀》一文中“知道”把事情发展过程中的重要内容写清楚的表达方法，是否就能把一件事写清楚，尤其

能把重要内容写清楚呢？无论是依据单元编排体例，还是依据学生认知规律，“知道表达方法”与“运用表达方法”之间仍有一道“鸿沟”，需要教师创设有针对性的实践活动，帮助学生迁移运用，帮助学生跨越“鸿沟”。

（一）在阅读实践活动中迁移运用

如，学习《麻雀》后，组织学生阅读同类文章金波的《颤抖的羽毛》，聚焦“捉公鸡”部分，思考金波又是如何把“捉公鸡”这部分写清楚的呢？引导学生将课文与阅读材料进行对照、发现、梳理。这里的“迁移运用”是对“阅读理解”走向“学习表达”的再次实践，是进一步巩固表达方法的过程。

（二）在表达实践中迁移运用

“理解写作方法的目的主要不是为了认识或分析课文的写作特点，主要是为了学生在习作时能举一反三，学会运用，应该抓住课文中最有特点的写作方法，让学生在理解的基础上学会迁移运用。”笔者认为，重视落实语言表达训练，运用语言规范表达是习作单元的精读课重要组成部分。教师应以实践活动为载体，设计语言表达的练习，帮助学生从“知道”走向“实践”，跨入新的“最近发展区”。

三、以课堂评价为工具，注重突破难点

语文教师要有意识地利用评价过程和结果，发现学生学习的个性特点和具体问题，及时引导，提出有针对性的建议，激发学生学习的动力。评价具有检测功能，能有效地服务于课堂教学。在习作单元的精读课上，更应该用好课堂评价这一工具，对学习过程进行有针对性的评价，做到实时“监控”，从而突破教学难点。

基于对教材的整体把握和细致研读，《麻雀》的教学难点是“知道可以把看到的、听到的、想到的写下来，清楚展现事情发展过程中的重要内容”，《爬天都峰》的教学难点“抓住怎么想、怎么说、怎么做，把事情发展过程中的重要内容写清楚”。如何运用课堂评价来突破难点呢？

（一）课堂评价应有指向性

《麻雀》一课，学生聚焦重点段落独立思考、合作探究之后，进入

交流反馈环节，教师的课堂评价应提炼学生的发现，指向教学难点，如“对老麻雀搏斗时动作的描写、外形的描写，都是作者看到的内容。你的补充很有价值！”“这是作者听到的，这是一个了不起的发现。”“作者还把自己想到的写了下来，值得我们模仿。”“你总结出了屠格涅夫‘写清楚’的秘诀。”

课堂评价应指向学生的思考过程。在《爬天都峰》中，学生能顺利地找到“所想”“所说”“所做”的词句，但不能止步于此，还需要教师在课堂评价中指明进一步思考的方向：“你找到的词句很准确，也很完整。梳理一下，作者是如何把爬山的过程写清楚的呢？”经过深入思考，学生不能发现作者就是把自己怎么想、怎么说、怎么做的写下来，这样就把事情发展过程中的重要内容写清楚了，让“写清楚”更加具体、可感，突破了教学难点。

（二）课堂评价贯穿于教学的全过程

在阅读中学习表达要注重课堂评价，在教学的其他环节亦是如此。

如，在《麻雀》的拓展阅读实践环节，学生的交流与互动仍然是围绕“金波在《颤抖的羽毛》中又是如何把“捉公鸡”部分写清楚的”这一话题展开。笔者针对课堂实际情况进行了如下评价：“你不仅读懂了内容，还在思考金波是怎么写清楚的。我们也要这样去读，去想。”“你把《麻雀》和这篇文章进行了对比，而且有了写法上的发现，真了不起！”等等。这样的课堂评价能不断引导学生在“怎样写清楚”的思路上进行探讨。

如，在《爬天都峰》的表达实践环节，笔者设计了补写“怎么想”“怎么说”“怎么做”的练习。在同桌互评、全班分享时，以“是否把这件事的过程写清楚”作为评价标尺，指导学生修正与完善。

课堂评价就像是教学过程中无形的“扶手”，不断修正学生探究的方向，跟踪学生的学习过程，能及时检验学习效果，能有效突破教学难点。

“灵动五环”习作单元项目式学习

习作单元项目式学习的开展是以统编教材的教学内容为主要内容，立足课堂教学，与教材编排的单元导读、精读课文、“交流平台”与“初试身手”、“习作例文”与“单元习作”相对应的环节：灵通任务、灵悟方法、灵展身手、灵构缤纷，增设一个项目成果的分享环节“灵趣分享”。统编版教材编排的最大特点是以一个单元为整体进行集中训练某种核心习作要素。习作单元项目式学习充分发挥统编教材这一编排特点和优势，教学方式守正创新，以项目驱动问题为引领，以项目任务整合习作单元学习内容，具有情境性、综合性、实践性。驱动问题是整个单元的一条引线与隐线，贯穿整个单元的教学，串联片块项目碎片成最终产品。

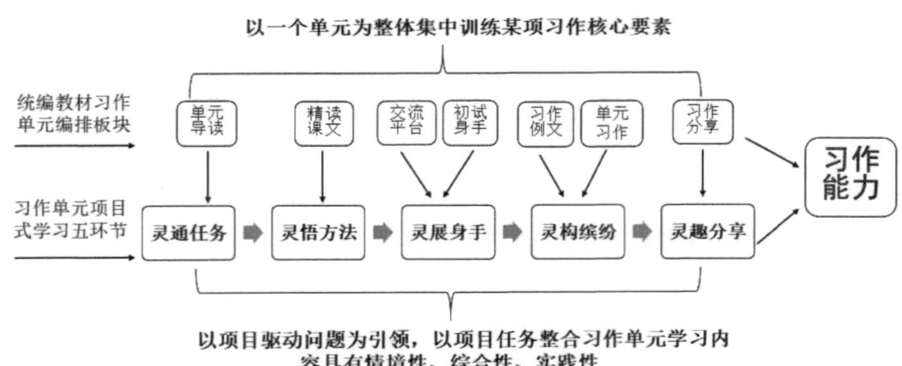

“灵动五环”习作单元项目式学习

一、灵通任务

灵通任务这一环节也就是入项活动，主要任务是引出项目的驱动问题，让学生发自内驱力去学习探究；让学生明确整个项目的规划，清晰自己的具体任务；做好项目开展的前期工作，比如项目分组、成员分工、活动规划等。

（一）主要流程

1. 理清单元导读，明确目标
2. 提出驱动问题，宣布任务
3. 小组讨论分工，分解任务
4. 个人思考准备，内化任务

（二）驱动问题的设计策略

1. 紧扣核心素养目标。

项目式学习活动的靶心目标就是核心素养，即项目式学习要培养学生的核心素养能力。但在一个项目当中，不可能同时培养七项能力。因此在项目一开始，我们就要制定项目目标，对每个目标都有清晰的界定。

2. 以学生视角进行设计。

项目式学习应该以学生为中心，整个项目设计的过程应该从学生视角出发，以学生探究为主的项目式学习不是任务驱动，而是问题驱动。它首先带领孩子解决一个核心问题，这个核心问题下又会划分出很多子问题。这个过程，就变成了学生视角，而老师则用提问的方式，来推动整个项目的进程。

3. 具有研究持续性。

具有挑战性和持续性项目式学习关键是由问题驱动的。故此老师在设计驱动问题时要思考的是如何把握住学生的兴趣，是否具有研究的持续性。如通过查阅百科全书，或者打开搜索引擎就能够找到答案的问题，这些都不是持续探究性问题，这类问题不适合做项目式学习的研究问题。

二、灵悟方法

习作单元的精读课文，是指向“写作”的阅读素材，其主要功能是引领学生学习写作知识与表达方法。灵悟方法这一环节是立足课堂，通过教学两篇精读课文，习得本单元的习作方法，为项目最终产品的成形铺垫基础。

（一）主要流程

1. 初读课文，扫清障碍。
2. 抓住要素，习得方法。
3. 读写结合，尝试方法。
4. 多元评价，内化方法。

（二）教学策略

统编教材是围绕“人文主题”和“语文要素”双线组织单元的，习作单元也不例外。在进行单元整体备课时，我们要聚焦单元的语文要素，从编者意图、文本解读、学生实际进行“对话”，以梳理出相应的课文例点。在此基础上，紧扣项目主题，设计出符合学生认知和教材主旨的、有层次有深度有价值的导学板块。

1. 与编者对话，进入精准教学轨道。

习作单元是编者以培养习作能力为核心编排的单元，习作单元的设计，是围绕语文课程标准精心细化、序列化的智慧结晶。与编者对话，认真分析教材的编排特点，把握编者意图，可以快速进入精准的教学轨道，有效开展相关读写实践活动。

2. 与文本对话，抓住教学主线。

教材中的文本都具有典范的意义，教师要钻研教材文本，读懂文本，创造性地使用文本。课堂时间是有限的，教师无法面面俱到地涉及文本中的每一个闪光点，这就要求教师把握文本精华，抓住教学主线，有所选择地积极引导学生主动思考与发觉。

3. 与学生对话，锻炼其深入思考的能力。

将精读课文中携带的写作知识内化为学生习作能力，离不开与学生对话，进行真实的语用实践。

三、灵展身手

交流平台是针对两篇精读课文，以对话的形式，总结归纳出本单元集中体现的写作知识和表达方法。灵展身手是联系学生生活，以说写结合、言语转换的方式，将阶段的阅读成果向写作迁移，进行片段性的写作尝试。在这过程中，紧紧围绕项目的最终成果去构建阶段性成果。

（一）主要流程

1. 搭建交流平台，交流方法。
2. 趣味多元评价，总结方法。
3. 创设相应情境，尝试方法。
4. 师生点评修改，雏形出现。

（二）教学策略

1. 尊重课堂生成。

教师要尊重课堂的生成，关注学生的思维，积极激活学生的思维，真正与学生形成心灵的对话和交流，让学生的精彩发言和智慧的火花在课堂上不断迸发出来。

2. 注重创设情境。

课堂预设的环节以项目为抓手，融入项目的主题，注重情境化、实效性，让学生在真实情境中有充分的时间观察、思考和交流。

3. 善于引导对话。

教师在课堂教学中要发挥参与和引导作用，要跟着学生的思路与学生对话，在对话中引导，在引导中生成，因为，只有生成的课堂才能让学生感受到自身的价值，才能展现出课堂的真实和精彩。

四、灵构缤纷

这一环节是完成项目的关键，也是教学目标达成的关键。主要是让学生通过学习习作例文，强化精读课文中习得的表达方法，然后运用这些方法进行个性化表达，完成单元习作。

（一）主要流程

1. 品读习作例文，感受缤纷。
2. 小组讨论交流，畅说缤纷。
3. 教师点评引路，明晰缤纷。
4. 亲自实践体验，书写缤纷。

（二）教学策略

1. 自主性。

在这环节中，充分尊重学生的主体地位，从激发学生的兴趣入手，联系阅读、生活、社会的实践，让学生自主命题，自主选材，自主组织语言，自由表达，充分展现学生作文过程的自我积累、自我感悟、自我探究、自我完善。

2.开放性。

作文教学要走开放的道路，即作文内容、作文形式、作文过程、作文方法、作文途径、作文评价的全面开放，彰显个性。让学生乐于表达，把自己看到的、听到的、做到的、想到的用语言文字创造性地表述出来。

3.创新性。

学生写作文要经历一个语言的加工和再创造的过程，由于积累、经历、体验、感受不同，所表达的内容和语言形式也就不同，所以不应拘于规则而加以限制。文体的表达形式可以多样性，想怎么写就怎么写，不追求统一的模式，让学生自主建构。

五、灵趣分享

在项目式学习活动中，学生在评价、修订与实施环节之间穿梭，直至形成小组观点，完成最终的项目作品。完成项目探究后，教师还应指导学生将小组的项目学习成果展示出来，并将学习小组在探究活动中获得的经验分享出来，促使学生在分享和交流的过程中，真正提升自身的语文综合素养。各小组成员浏览其他小组作品，参考教师为学生提供的多维度的评价工具，给予评价，取长补短，课后将进一步修改完善作品。

（一）主要流程

1.分工合作，制成产品。

2.产品展现，共同分享。

3.多元评价，迭代产品。

4.反思复盘，拓展分享。

（二）教学策略

1.把握展示内容。

项目式学习倡导学生在项目研究的过程中，积极体验、亲身实践，从而获得能力的提高与个人的成长。因此，研究成果展示课也应做到真实，教师应引导学生从大量的各项过程性资料中，选择适当的内容进行展示，力求原汁原味地体现出学生在综合实践活动过程中的得失，表达真情实感。

2. 鼓励个性展示。

学生依据研究主题与研究方式，采用针对性和多样化的形式进行展示。可借助作文、研究报告、PPT文稿、调查报告、结题报告、实验展示、观察日记、宣传小报等文字式的表达方式展示出来，还可以借助演讲、辩论、朗诵、活动录像、课本剧等口头的表达方式展示出来。根据项目特点，还可采用辩论会、知识竞赛等形式来展现。

3. 多元趣味评价。

有效的评价能激发学生展示成果的积极性，带动项目研究性学习的进一步开展。在成果展示课中，各小组完成展示后，教师应适时引导学生对活动的成果、展示方式和研究过程进行自评、互评与师评。自评是让学生进行自我评价，学生畅谈自己参与活动的总结与反思。在学生自评的基础上鼓励同学们之间、小组之间进行互相评价，互评时更注重引导学生发现产品的优点与提出建设性的建议。师评则是一种注重过程性、发展性的评价，而不是带有终结性、甄别性的评价。

4. 迭代优化作品。

成果展示课处于项目研究性学习的总结交流阶段，教师要以学生在活动过程中的感性认识为基础，帮助学生形成理性认识，提炼出解决问题的基本方法和程序，让学生在研究过程中既能获得健康积极的体验，又能学会一些生活成长的技能和方法，并在大家交流评价的过程中吸取有效建议，对自己的作品进行迭代优化。

习作单元项目式学习的教学策略

2022年版语文课程标准指出："义务教育语文课程结构遵循学生身心发展规律和核心素养形成的内在逻辑，以生活为基础，以语文实践活动为主线，以学习主题为引领，以学习任务为载体，整合学习内容、情境、方法和资源等要素，设计语文学习任务群。"项目式学习与统编教材的习作单元都有一个共同的特点，就是围绕一个主题展开。因此，笔者将项目式学习融入小学语文习作单元教学中，以项目驱动问题为引领，以项目任务整合习作单元学习内容，以项目活动重构习作单元教学活动，激活语文课堂，让学生在真实情境中学习语文、运用语文，提高学生的综合能力。下面以统编版教材五年级下册第五单元的项目式学习为例进行阐述。

一、以项目为抓手，明晰教学目标

统编教材是围绕"人文主题"和"语文要素"双线组织单元的，习作单元也不例外。部编版各册教材各单元的语文要素是螺旋式上升分布的，由浅入深，由易及难。在规划习作单元项目式学习时，我们聚焦单元的语文要素，从编者意图、文本解读、学生实际进行"对话"，以梳理出相应的课文例点，设计出符合学生认知和教材主旨的、有层次有深度有价值的项目式学习板块。

（一）与编者对话，精准设置驱动问题

习作单元是编者以培养习作能力为核心编排的单元，习作单元的设计，是围绕语文课程标准精心细化、序列化的智慧结晶。与编者对话，认真分析教材的编排特点，把握编者意图，结合学生的实际情况，进行头脑风暴，设置有效的驱动问题，激发学生学习兴趣与内驱力，

有效开展相关读写实践活动。

本单元语文要素是“形形色色的人”。整个单元以此为主线编排了六大板块，单元导语点明了语文要素“学习运用描写人物的基本方法”；两篇精读课文以及课后练习题主要引导学生学习描写人物的基本方法；单元习作则是学生对在本单元所积累描写人物的方法的实践运用。在进行这样与编者的对话，明确单元编辑的结构与意图后，结合学生实际，笔者设计“时光留影机——如何留住黄埔的你”的驱动问题。黄埔学校是一间创办三年的新学校，本班孩子就读三年级时是从县城十多间学校分流来的，到现在五年级，一起共同学习了三年，有了深厚的感情。结合学生这些实际，笔者首先创设真实情境，激发孩子们记录同学的内驱力：用视频回放孩子们同窗三年一起学习、游戏等快乐的时光片段，让孩子们感受到自己豁然长大，时光却悄然逝去，往日的嘻嘻哈哈、吵吵闹闹没有更多的片段记忆。接着，让孩子预设初中分离后，同样会像现在怀念三年级一样怀念现在。那么，当下我们如何更好地留住现在同学们的点点滴滴呢？随即推出本单元项目式学习活动计划。最后结合导读让学生明确活动的目标和具体事项，梳理出有针对性的项目式学习课堂教学序列，在真实情境中有针对性地通过一系列阅读和习作活动，引导学生认识和掌握描写人物的方法，并运用到习作实践中去。

（二）与文本对话，抓住课堂教学主线

项目式学习入项活动后，我们要立足课堂，充分发挥教材中的文本的典范的作用，读懂文本，创造性地使用文本。课堂时间是有限的，教师无法面面俱到地涉及将文本中的每一个闪光点，如何在有限的40分钟课堂取得更大的学习获益呢，这就要求教师把握文本精华，抓住教学主线，有所选择地积极引导学生主动思考与发觉。

本单元共有精读课文两篇《人物描写一组》《刷子李》，每篇的描写人物方法不同。《人物描写一组》一课由三个片段组成，分别节选自小说《小兵张嘎》《骆驼祥子》《儒林外史》。《小兵张嘎》片段侧重运用动作描写，刻画了小嘎子活泼好胜的形象；《骆驼祥子》片段就运用细腻的外貌描写展现了老实的祥子形象；《儒林外史》通过对人物进行语言、神态的描写，把爱钱如命的严监生展现在读者眼前。《刷子李》则运用了动作描写、心理描写、侧面描写等刻画出刷子李的高超技艺。

深入研读文本，清楚并把握文本的习作例点，抓住教学的主线，充分运用细腻的文字为学生掌握习作方法提供了生动的范例，使我们课堂读写共享。

二、以项目为内核，落实语文要素

习作单元项目式学习重要环节之一就是习作单元的精读课文教学。这一环节重点是基于单元语文要素，聚焦写法教学。结合前期的与文本对话所梳理出来文本的习作例点，紧紧围绕以培养学生写人的能力为主线，采取有效方法，让学生通过学习精读课文中习得描写人物的方法，并在初步尝试在项目学习活动中实践运用，从而在精读课文的教学中真正把单元语文要素落到实处，提升学生的习作能力。

（一）把握选取事例，提炼表达方法

本单元精读课文教学目标要聚焦在习作能力方面，主要引导学生把握课文选取的典型事例，从描写人物语言、动作、外貌、神态、心理等的语句中感受人物的特点，发现、提炼具体表现人物特点的方法。教学中，我先让学生试着将课文中描写人物的语句进行大致分类；接着，让学生回忆一下此前学过的课文中描写人物的语句，尤其是描写语言、神态、心理的语句，对描写人物的角度进行补充；然后顺势引导学生归纳：在写人的时候，要从语言、动作、外貌、神态、心理等角度进行细致描写，才能具体地表现出人物的特点。

例如在教学《刷子李》一课的轻松过关环节中，我就设计了以下练习，通过练习，引导学生在品读句子中发现、提炼出表现刷子李高超技艺的人物特点的表达方法。

读下面句子，并要求填空，体会刷子李这个人物的特点。

①穿上这身黑，就好像跟地上一桶白浆较上了劲。

②只见师傅的手臂悠然摆来，悠然摆去，如同伴着鼓点，和着琴音，每一摆刷，那长长的带浆的毛刷便在墙面啪地清脆一响，极是好听。

③一道道浆，衔接的天衣无缝，刷过去的墙面，真好比平平整整打开一面雪白的屏障。

1. 句①中，“_____”和“_____”形成鲜明的对比，从侧面反映出刷子李______________________________________。

2. 句②运用了________描写，写出了刷子李刷墙时的_________，让我们体会到了刷子李________________________特点。

3. 画“______”的部分是作者的______________，这样写的好处是____。

（二）模仿例文语言，内化表达方法

教学时，重点围绕表达方法引导学生进行交流分享，让学生对这些精彩的语句进行仿写，使写作训练的过程化整为零，从一个个侧面加强训练，让学生不断积累表达方法，内化表达方法。例如“摔跤”这一片段对小嘎子和小胖墩儿摔跤时的动作进行了具体的描写：“围着他猴儿似的蹦来蹦去”“任你怎样推拉拽顶，硬是搬他不动”“小嘎子已有些沉不住气，刚想用脚腕子去钩他的腿，不料反给他把脚别住了”。这些细致的动作描写，表现出小嘎子机灵的特点。课堂中，让学生品读后进行表演，指导两个同学抓住动词形象进行动作表演，一个同学进行旁边解说。这样引导学生内化例文语言，进而提升学生的写作水平。

又如，《刷子李》课文第二部分以曹小三的心理变化为线索，紧紧围绕“黑色衣服上有没有白点”展开情节——在看师傅刷浆时，曹小三“最关心的还是刷子李身上到底有没有白点”。由此，课文对曹小三的举动、心理活动等进行了细致的描写。教学时，先让学生抓住“拿目光仔细搜索刷子李的全身”“往日传说中那如山般的形象轰然倒去”“发怔发傻”等关键语句，从而感悟到曹小三内心随着寻找“师傅黑衣上的白点”的过程而跌宕，刷子李刷浆的“绝”也在这跌宕中让曹小三佩服至极。在此基础上，出示本班同学校运会、艺术节等特定场景的视频和照片，让学生仿照这些句式描写自己某个特定场景的心理变化，进一步掌握习得的方法，也为打造项目成果作铺垫。

（三）关注课后练习，深化表达方法

关注课后练习，结合项目式学习的产品的生成，巧妙设计教学环节，有利于深化表达方法与语文要素的落实。《人物描写一组》一文课后练习有两题：一是“默读课文，说说三个片段中的人物分别给你留下了什么印象，你是从哪些语句体会到的”；二是“举例说说三个片段分别用了哪些描写人物的方法，结合课文中的语句，体会表达的效果”。这同时指向两个点——说印象、学方法。以此为导引，让学生抓住其中关键词“人物印象”“描写方法”和“表达效果”来解读课文。将精读课文中携带的写作知识内化为学生习作能力，离不开与学生对话，进行真实的语用实践。

又如，《刷子李》一文课后练习题是：一是“课间十分钟，观察一位同学，试着用学过的方法写一写他”。二是“你的家人有什么特点？想一想可以用哪些典型事例表现他们的特点，列出来和同学交流”。我把课后练习与项目式学习的驱动问题融合一起，设计了“快乐运用”环节。

1. “课间十分钟，观察你要记录的同学，试着用学过的方法写一写他”。

2. “你要记录的同学有什么特点？想一想可以用哪些典型事例表现他们的特点，列出来和同学交流”。

三、以项目为载体，共享活动成果

习作单元项目式学习的成果是解决驱动问题所提出真实情境中的难题，是单元的教学目标，是反映对语文核心知识的深度理解。项目学习成果的形式是多样化的，结合项目式成果，采用多种形式进行展示，丰富学生的各种实践体验。

（一）书面展示，呈现习作精品

在习作单元项目式学习中，书面表达是产品成型的基础。每个项目组都要先把习作用书面表达出来，完成学习的最核心目标。在这一环节展示中，为了取得项目式学习的成果，在学生充分交流、修改的基础上，规范书写、认真誊写，从而打造出学生习作的精品，提供学生学习的范例，培养学生良好的写作习惯。

在习作过程中，老师让学生在脑海中用“放电影”的方式回忆项目学习过程中习得的表达方法和情感体验，充分打开思路，呈现妙语连珠，精彩纷呈的习作。例如有个学生这样写：“上课后五分钟，他开始双手支撑下巴，胖嘟嘟的脑袋靠着桌子支撑，眼睛时不时地瞟一下窗外。又过了几分钟，他托着下巴的双手耷拉着，脸贴在手背上，慢慢地整个上半身摊在桌子，我想他应该是睡着了。”这同学抓住人物的动作上的细节进行描写，鲜明的人物形象跃然纸上，教学目标的达成显而易见。

（二）视觉成果，提升审美能力

同学们围绕“时光留影机——如何留住黄埔的你”的驱动问题，制作了主题明确、形式多样的项目成果。他们以手抄报、绘本、杂志的形式记录下一起在黄埔学习的同学。手抄报的版面设计、色调选择，绘本的创作，杂志包含哪些版块，目录该如何设计等一系列问题，他们在创作过程中想方设法一一解决，同学们的审美能力也就自然而然得到提高，同时丰富了他们的非文本的知识习得与感悟。孩子们尽情享受着项目式学习带来的美好收获，精美的手抄报，稚趣的绘本，像模像样的杂志，记录了同学们美好的学习生活。试想，他们多年以后，再回看这些成果，回忆起曾经一起走过的童年，那该是多么激动与难忘的。项目式学习让学生在真实情境中运用语文，学生在活动中品味了快乐，在活动中积淀了知识，在活动中发展了思维，真正达成了项目式学习预期目标。

（三）口头表达，演绎精彩故事

在成果展示这一环节，学生们为了宣传自己的产品，制作PPT，拍摄视频，通过演讲、阐述、舞台表演等形式去展现自己的成果。在小组代表展现成果的同时，要求各小组运用评价量规对发言者的表达进行分析和评价，指出优缺点；被评价者根据他人评价和自我反思对作品进行修改，争取成果最优；老师根据实际情况进行梳理、提炼和指导。这样，学生能用自己的方式表达观察到的内容，能够表达自己的所见所闻，能利用图书馆、网络等信息渠道获取资料，懂得分工合作。活动的开展培养了学生学习语文的兴趣和爱好，激发学生学习语文的动力，学习知识和体验生活有机结合，进一步引导学生探究生活，关注社会，学以致用。

四、以项目为驱动，精当开展评价

2022版《语文课程标准》指出“倡导课程评价的过程性和整体性，重视评价的导向作用”。在习作单元项目式学习中，我们从内容评价全面化、评价标准差异化、评价方式多样化等方面实施多元评价，让评价的导向、激励作用发挥最大的正能量。在活动过程每个环节中，我们综合运用教师评价、学生自我评价、学生相互评价、家长评价、网络大众评价等方式，运用开放式问题、课堂观察、现场点评、课后访谈、成长记录、网络点赞等方法，对学生的学习情况和教师的教学情况进行全面的考查，及时了解项目开展的目标达成度。

学生通过自我评价反省自己的学习过程，整理自己的思考方法和学习方法，这样不但能够了解自己的学习状况，而且还能对自己的学习进行有效的调控。学生的互评则在很大的程度上培养了学生在活动中的合作态度，提高了项目式学习的参与程度，学生的互评过程实际也是相互学习与借鉴的过程。通过家长的评价可以全面了解学生在家里的情况，使评价更加全面。对教师而言，学生的自评与互评与家长的评价能让教师看到学生在学什么？学习到了什么？有哪些不足？为指导与支持学生的学习提供了大量有益的信息。例如，在入项活动中，通过课堂观察与课后访谈的方式，评价所设置的驱动问题是否达到激发学生学习的内驱力；在轻松过关环节中，要善于捕捉学生的闪光点，给予赏识性、肯定性的评价；在快乐运用环节中，则要练就一双慧眼，善于捕捉学生作文中的点滴创意或优点，对一个词、一句话、一段话给予肯定，让学生认可自己，体验成功的快乐，树立习作的信心，激发习作的兴趣和热情；在项目式学习结束后，进行画星星、通过画画表达自己的心情与收获等方式的趣味性评价。

趣味评价

☺ 小组合作评价表	
评价项目	小组评价
能够各司其职，完成好自己负责的任务。	☆☆☆☆☆
能够积极思考，发表看法。	☆☆☆☆☆
能够给组内同学提出建议。	☆☆☆☆☆
☺ 总评	在这次活动中，你一共获得了＿＿＿＿颗☆。结合你的心情在下面简单画一幅图。

习作单元项目式学习的评价策略

这样，多元化的评价方式带给学生多种感官的刺激，有利于激发学生写作的兴趣，是学生写作的催化剂和兴奋剂。因此，教师应在语文课堂上对学生的学习过程进行有效评价，通过有效评价帮助学生自我教育、自我进步，使学生认识自我、建立自信。

习作单元项目式学习的评价策略

在传统的教学方式中，学生通常是通过阅读教科书和听讲来学习知识。然而，这种教学方式存在许多缺点，例如缺乏实践经验、缺乏创造力和缺乏主动性。为了解决这些问题，许多教育家和学者开始探索以项目为单位的学习方式。习作单元项目式学习是其中一种常见的学习方式，它可以让学生在实践中获得知识、技能和经验，从而更好地掌握学科知识。然而，习作单元项目式学习也面临着评价的挑战。在这种学习方式中，学生通常会参与到许多不同的项目中，每个项目都需要不同的技能和经验。因此，评价学生的学习成果变得更加困难。为了解决这个问题，教师需要采用适当的评价策略，以确保学生在习作单元项目式学习中获得正确的反馈和支持。本文将介绍习作单元项目式学习的评价策略，并探讨这些策略的优缺点。最后，本文将提出一些建议，以帮助教师更好地评价习作单元项目式学习。

一、习作单元项目式学习评价的重要性

习作单元项目式学习评价的重要性不言而喻，因为它对于学生来说是提升学习效率非常有效的方式之一。学习评价是语文教学改革的必要环节。随着社会的发展，语文教学也在不断发展。传统的评价方法已经不能满足现代教学的需要，需要采用新的评价方法来更好地评价学生的学习成果。通过有效的评价，学生可以及时了解自己的学习成果和不足之处，进而更加积极地参与到语文学习中来。而教师也可以通过评价结果来了解学生的学习情况，去寻找教学过程中存在的问题，并对教学手段、内容进行针对性的整改。所以教师应该注重评价的科学性和客观性，采用多种评价方式和工具，以便更好地评价学生

的学习成果。同时，学生也应该积极参与评价过程，不断提高自己的学习能力和语文素养。

二、习作单元项目式学习的评价策略

（一）目标设定，明确步骤评价

根据评价的目的和评价对象，制定评价标准，明确任务并告知学生。例如，对于四年级上册《麻雀》的阅读评价，可以制定如下评价标准：（1）阅读课本上的《麻雀》一文，并理解文章大意，（2）在文章中找到麻雀的生活环境和食物，（3）用自己的话复述文章，（4）回答问题：麻雀如何适应环境并得到食物？然后对学生的阅读表现进行评价，根据最终的结果给学生提出具体的改进建议。如：（1）需要进一步提高理解能力，可以多读几遍，注意理解关键词语；（2）需要进一步提高提取信息的能力，可以尝试用画图等方法帮助自己提取重要信息；（3）需要进一步提高运用知识的能力，可以多关注生活中的鸟类，积累相关知识；以便更好地帮助学生提高阅读能力和语文素养。

（二）展开计划，开拓新模式评价

展开计划，开拓新模式评价是一种评价策略，可以用于评估学生在项目式学习中的表现。这种评价策略的核心思想是评估学生在启动项目和开展活动的过程中，是否能够有效地组织、规划和实施项目活动。以三年级上册《风筝》教学为例，首先，教师应在课堂上介绍风筝的相关知识，包括风筝的种类、制作材料、制作方法等。然后，让学生们分组讨论并制定风筝制作计划，明确每组成员的任务和分工。在制作过程中，通过走访每个小组的制作现场，了解每组成员的工作进展情况，及时指导他们在制作过程中遇到的问题。同时，还可以引导学生们互相学习和交流，使得每个小组的成员都能够得到充分的锻炼和实践。最后，还可以组织一个风筝飞行比赛活动，让每个小组展示他们制作的风筝，并根据评价标准对每个小组进行评分。在项目启动过程中，教师评估学生在以下方面的表现：（1）是否能够明确项目目标和任务；（2）是否理解了项目的目标和任务，并能够表达出来；（3）是否能够制定合理的计划和时间表；（4）是否能够制定合理的计划和时间表，如制定制作风筝的计划，规划风筝飞行的时间和地点等；（5）是否能够有效地分工合作：是否能够合理地分工合作，如分工制作风筝和协作飞行风筝等。（6）是否能够解决项目启动过程中的问题；（7）是否能够积极解决项目启动过程中出现的问题，如材料不足、工具使用不当等。

（三）依据活动，开展多元评价

在习作单元项目式学习中，我们从内容评价全面化、评价标准差异化、评价方式多样化等方面实施多元评价，让评价的导向、激励作用发挥最大的正能量。在活动过程每个环节中，我们综合运用教师评价、学生自我评价、学生相互评价、家长评价、网络大众评价等方式，运用开放式问题、课堂观察、现场点评、课后访谈、成长记录、网络点赞等方法，全面检查学生的学习情况和教师的教学情况，及时了解项目式学习的目标实现情况，在总结反思中及时调整后续的活动，让活动开展得更有实效。

学生的自我评价是对自己学习过程中的一种反思，总结自己的学习方法，了解自己的学习情况，对自己的学习进行更有效的调控。学生的互评就是同学之间相互沟通、交流、学习、提高的过程，并且在此过程中培养了学生的合作态度、合作能力、交流能力等。通过家长的评价可以全面了解学生在家里的情况，使评价更加全面。对教师而言，学生的自评与互评与家长的评价能让教师更清楚地知道项目开展真实的效果，了解到学生掌握了什么、有哪些需要改进的地方。这样为更好地指导学生的学习提供了信息。例如，在入项活动中，通过课堂观察与课后访谈的方式，评价所设置的驱动问题是否达到激发学生学习的内驱力；在轻松过关环节中，要善于捕捉学生的闪光点，给予赏识性、肯定性的评价；在快乐运用环节中，则要练就一双慧眼，善于捕捉学生作文中的一个词、一句话、一个表达等运用巧妙的闪光点，让学生在激励中认可自己，获取习作成功的快乐，从而树立他们习作的信心；在项目式学习结束后，进行画星星、通过画画表达自己的心情与收获等方式的趣味性评价。

有效的学习评价对于语文教学的改革和学生的学习都具有重要的意义。教师应该充分利用评价的功能，不断优化教学过程和方法，以提高学生的学习成果和能力。同时，学生也应该充分认识到评价的重要性，积极参与到评价过程中，不断提高自己的学习能力和语文素养，实现自我发展和全面提高。

习作单元项目式学习设计

一、制作芽苗菜的成长记录册：三年级上册第五单元项目式学习设计

（一）项目简介

项目名称	芽苗菜的成长记	适用年级	三年级
项目时长	2周	课堂时间	10课时
项目类型	学科主题探究项目式学习	主要内容	三年级上册第五单元(习作单元)
驱动问题	芽苗菜是如何长成的?		
项目概述	学生利用课余时间培植芽苗菜,观察芽苗菜的成长过程变化,并把观察所得记录下来。搜集芽苗菜成长的相关资料,思考芽苗菜如何成长得更好。在课堂中,经过精读课文的学习习得观察记录的方法,并和实际结合起来运用。最后,以小组为单位完成芽苗菜的成长记录册。如何让学生留心观察周围事物,把自己的观察所得记录下来,这是我们发起此项目式学习所思考与期待的		
核心知识	1.体会作者是怎样留心观察周围事物 2.仔细观察,把观察所得写下来		
项目目标	通过细致观察芽苗菜的生长变化,学习怎样留心观察周围事物,整理观察所得,记录当时的想法和心情,达成运用芽苗菜成长记录册的形式展现项目成果,培养学生的观察能力和语言表达能力		
主要成果	习作《我们眼中的缤纷世界》、芽苗菜成长记录册		

（二）项目课时安排

核心任务:制作芽苗菜的成长记录册		
任务	项目要点	课时安排
灵通任务	1.介绍学习内容 2.制定学习规划 3.扫清阅读障碍,认识10个生字,读准1个多音字 4.了解培植芽苗菜的方法	第1课时
灵悟方法	1.会写26个字,会写25个词语 2.感受作者观察的细致,体会留心观察的好处 3.能和同学交流自己观察到的动物、植物或场景及其变化情况 4.开始培植芽苗菜,并认真观察	第2—5课时
灵展身手	1.能结合课文内容,进一步体会作者观察的细致,梳理总结留心观察的好处 2.初步了解可以调动多种感官进行观察 3.能尝试写一写自己的观察所得	第6课时
灵构缤纷	1.能了解作者是怎样观察的,进一步体会作者观察的细致 2.能继续仔细观察一种动物、植物或一处场景,把观察所得写下来 3.能展示观察所得,与同伴分享自己的观察感受	第7、8课时
灵趣分享	1.完成“芽苗菜的一生”记录册 2.交流分享 3.活动总结	第9课时

（三）项目流程要点

1. 以问题贯穿项目式学习始终，点燃学生学习兴趣。

在项目实践过程中，围绕项目核心问题“为芽苗菜的成长做记录”的探究，激发学生观察芽苗菜的兴趣，拆分出三个子问题，进而明确项目的不同阶段及其子任务。

★子问题1：如何种植和观察芽苗菜？

任务：观察不同于一般意义上的“看”，而是要调动眼、耳、鼻、舌等各种感觉器官去直接感知事物的各种特征。以7—10天为一个周期，种植并观察芽苗菜的生长过程。

★子问题2：从哪些方面记录观察所得？

任务：从颜色、形状、气味等方面对芽苗菜进行观察，可以用比喻、拟人等修辞手法记录自己的观察所得，并制作手抄报。

★子问题3：如何把观察所得转变为习作？

任务：学习两篇精读课文《搭船的鸟》《金色的草地》，两篇习作例文《我家的小狗》《我爱故乡的杨梅》和习作《我们眼中的缤纷世界》，学习作者的观察和写作方法，习得佳作。

2. 扎实开展项目各环节，培养学生语文核心素养。

★灵通任务

（1）激发兴趣。课内开展入项活动。课外学生种植和观察芽苗菜的成长。让学生明确活动任务，做好小组分工，了解观察的方法，养成留心观察、细致观察的习惯，提升学生的观察能力。

（2）学习项目活动方案。

（3）分组讨论分工。

★灵悟方法

学习教材中两篇精读课文，让学生习得习作方法。

★灵展身手

学习教材中的交流平台和初试身手，总结课内习得的习作方法，尝试运用，制作手抄报，提升学生归纳总结和表达能力。培养学生制作手抄报的能力。

★灵构缤纷

学习习作例文，掌握观察日记的方法，完成习作。提升学生的习作能力

★灵趣分享

（1）交流分享项目成果，迭代优化作品。。

（2）举行分享会。小组代表展示、介绍自己小组的成果。

（3）评价、奖励。以投票的方式评选出一等奖两个，二等奖三个，三等奖八个。

（四）项目评价

评价表

1.过程评价（　　）

能力类型	评价标准	自评	互评	师评
实践能力	种植芽苗菜，每天浇水，芽苗菜健康成长			
观察能力	观察其颜色、形状、长高多少厘米、有无叶子等，进行记录			
	摸一摸、闻一闻，对芽苗菜的气味和触感进行记录			
语言表达能力	用比喻、拟人等修辞手法记录自己的观察所得，小组交流分享			
写作能力	生动形象地把观察所得写成作文			
综合素养	提升自己对观察和习作的兴趣			
请在表格相应地方画　　进行评价，看谁得　　到最多。				

2.总结评价（　　）

	评价内容	评价依据	获奖小组
集体成果	最佳观察组	在观察过程中，交流分享观察所得最多的小组	
	最佳进步组	能听取别人的建议和意见，取得最大进步的小组	
	评价内容	评价依据	获奖个人
个人成果	最佳芽苗菜种植奖	芽苗菜色泽、身高、长势最佳	
	最佳手抄报奖	图文并茂，完整记录芽苗菜生长过程	
	最佳写作奖	按一定的顺序，用优美词汇、句子把观察芽苗菜成长所得写成作文。	
请在表格相应地方画　　进行评价，看谁得　　到最多。			

二、我是家乡小导游：四年级下册第五单元项目式学习设计

（一）项目简介

项目名称	我是家乡小导游	适用年级	四年级
项目时长	2周	课堂时间	10课时
项目类型	学科主题探究项目式学习	主要内容	四年级下册第五单元(习作单元)
驱动问题	如何推荐家乡的旅游景点?		
项目概述	本项目的背景起源是依据部编版教材四年级下册的第五单元中《游——》的习作任务。本单元是习作单元,有《海山日出》《记金华的双龙洞》两篇课文;交流平台;初试身手和两篇例文组成。语文要素是“了解课文按一定顺序写景物的方法”。可是,现在的生活中,孩子出去游玩较少,对于一些名胜古迹不太了解,很难写出自己的经历,如何让学生在“双减”的背景下落实语文要素,这是我发起此项目式学习所思考与期待的。通过设计学生感兴趣的驱动性问题:祖国的河山无限美,你游览过哪些地方?有哪些美景,你能介绍给大家吗?通过驱动性问题,让学生了解本地有名的旅游胜地,或者通过阅读书籍了解祖国各地的名胜古迹,亲身经历也好,阅读书籍也好,让学生通过游览先后顺序排一张游览线路图进行分析,选择两到三个有代表性的地点,每个地点再选择有代表性的景物记录下来,并把自己所见、所闻、所感表达出来		
核心知识	1. 多角度观察生活,发现生活的丰富多彩,能抓住事物特征,有自己的感受和认识 2. 注重写作过程中收集素材、构思立意、列纲起草、修改加工等环节,提高独立写作的能力 3. 学会选取重点景物,能根据景物的特点选材,学习按游览的顺序写一处景物,运用学过的方法将游览过程写清楚,注意突出景物的特点		
项目目标	1. 通过多角度观察生活,发现生活的丰富多彩,能抓住事物特征,有自己的感受和认识,提升学生的观察能力 2. 制作游览路线图,制作过程中培养学生的逻辑思维能力、创新思维、设计能力;展示游览视频,培养学生的有效沟通、组织能力 3. 通过学习两篇课文、交流平台、初试身手和两篇例文,总结习作方法,引导学生习作,提升学生习作能力		
主要成果	习作《游________》、介绍家乡景点的视频		

二、项目课时安排

核心任务:如何推荐家乡的旅游景点		
任务	项目要点	课时安排
灵通任务	1.介绍学习内容 2.制定学习规划 3.扫清阅读障碍,认识9个生字,读准1个多音字	第1课时
灵悟方法	1.会写24个字,会写24个词语 2.学习两篇精读课文。了解作者描写景物的顺序,体会是怎么抓住景物的特点写清楚的	第2—5课时
灵展身手	1.能结合课文内容,梳理、交流按照游览顺序和景物变化顺序写景物的方法 2.能按顺序说出游览路线;能按顺序介绍一处景物并写下来 3.绘制游览路线图,选择两到三个有代表性的地点,观察代表性的景物记录下来	第6课时
灵构缤纷	1.了解习作例文中写景物的顺序,并按游览顺序写一个地方 2.习作时能把印象深刻的景物作为重点,写出特点 3.能与同伴交换习作,交流评改,并提出修改意见	第7、8课时
灵趣分享	1.《我是家乡小导游》汇报会 2.《我是家乡小导游》作文集的出版	第9课时

(三)项目流程要点

1.灵通任务。

确定项目核心驱动问题、项目的规模、团队成员的组成、项目的预算、项目最终成果、最终成果的展现方式、项目受益者。本项目的核心驱动问题是：祖国的河山无限美，你游览过哪些地方？假如现在你发现了一个全新的景点，你能像本单元的课文一样按一定顺序写景物的方法去介绍给大家吗？

2.灵悟方法。

（1）学习两篇精读课文。结合课文内容总结写作方法。

（2）进行分组，鼓励学生利用周六日了解本地的浏览胜地。

（3）广泛搜集所游览的景点的相关资料、视频等。

（4）用思维导图先画出游览路线图，帮助自己理清思路。运用画图、拍摄景点解说视频的活动方式记录自己印象深刻的某个景点。

（5）课堂注重学生习作方法的习得。

借一双慧眼：对小学生而言，他们并不太了解“观察”和“看”的区别，虽然每天都在看，但不会有意识地去留意景物的特点。只凭浮光掠影的印象，当然无法写好景物。因此本次习作先指导学生做到“眼中有物”——确定写什么；“眼中有景”——充分调动多种感官全面认识景物；“眼中有序”——确定先写什么，再写什么，在哪儿突出重点；“眼中有神”——指导学生在描写时加入联想与想象，让景物“活”起来。

磨一面明镜：教学时为了帮助学生练眼力，学习两篇精读课文以及两篇习作例文，主要指导学生通过赏析教材中写景的句段、篇章，帮助他们“打磨一面鉴赏的明镜”。进行写作指导，引导学生抓住景物特点，感受按一定顺序写景物的写作方法，理清写作的顺序，写出条理，写出景物的神韵。

指一条“材”路：由于小学生的知识积累和生活阅历有限，尤其是写景类文章，学生更觉得头疼，因此积累材料就显得尤为重要，写作时教师要教会学生如何从生活中和阅读中选材，并能将选取的材料有序地组织起来。要为他们指一条生“材”之道：学习交流平台与初试身手，了解本地的旅游胜地。绘制游览路线图，选择两到三个有代表性的地点，观察代表性的景物记录下来。初步完成单元习作；在小组进行汇报练习，进行修改作文；开展汇报会。

3.灵展身手。

学习交流平台和初试身手，总结精读课文中习得的习作方法，并尝试运用。交流平台是针对两篇精读课文，以对话的形式，总结归纳出本单元集中体现的写作知识和表达方法。初试身手是联系学生生活，以说写结合、言语转换的方式，将阶段的阅读成果向写作迁移，进行片段性的写作尝试。交流平台是为学生总结交流在精读课文中习得的习作方法。初试身手则让学生尝试运用总结出来的习作方法。在这过程中，紧紧围绕项目的最终成果去构建阶段性成果。

主要流程：搭建交流平台，交流方法—趣味评价，总结方法—创设相应情境，尝试方法—师生点评修改，雏形出现。

关注点：

（1）尊重课堂生成。

把精力放在关注学生的思维上，尊重课堂生成，激活学生的思维，让学生的精彩发言和智慧的火花在课堂上不断迸发出来，真正与学生形成心灵的对话和交流，让课堂成为展示智慧火花的“剧场”。

（2）注重创设情境。

课堂预设的环节以项目为抓手，融入项目的主题，注重情境化、实效性，让学生在真实情境中有充分的时间观察、思考和交流。

（3）善于引导对话。

教师在课堂教学中要发挥参与和引导作用，要跟着学生的思路与学生对话，在对话中引导，在引导中生成，因为，只有生成的课堂才能让学生感受到自身的价值，才能展现出课堂的真实和精彩。

4.灵构缤纷。

（1）学习习作例文。

指导选材，明确要求，弄清写法。

自然景观顾名思义就是自然的景色，比如美丽的贤令山、壮丽的神峰山瀑布等。人文景观又称文化景观，如阳山古文塔、韩愈公园等。身边的景物，就是你经常看到的、熟悉的景物，如乡村、田野、居住的小区等。

①师引导：怎样才能将游览的过程写清楚呢？读读课文中的提示。

②课件出示写法提示：

★可以先画出游览路线图，帮助自己理清思路。

★印象深刻的景物要作为重点来写，注意把它的特点写出来。

★可以用过渡句，使景物的转换更自然。

③学生分成四人小组，结合本单元课文内容，交流讨论可采用的写法。

示例：我想写游览山的文章，我准备学习《七月的天山》的写法，先画好路线图，按照游览路线来观察和体验，走到哪里，就描写到哪里。随着观察点的变化，一个个新的景物或景象不断出现，再依次描写这些景物，选择印象深刻的一两个景点重点写。

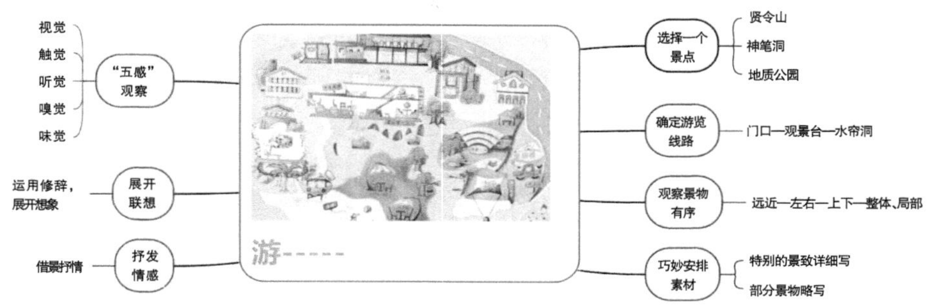

（2）选取重点，学写片段。

①引导学生明确写作重点：这次习作，你印象最深刻的景物是什么，有什么特点？

②小组讨论交流后全班交流。

③指导写片段。选取本次习作时的重难点进行片段练习，有指导，有例文，不但能使学生对行文构思有清晰的认识，更能让学生对习作时要做到条理清晰、主次分明的要求有了更直观的感受，写起作文来也更容易上手

④通过朗读片段，明确怎样突出重点。

⑤多元点评。

（3）精选素材，完成初稿。

新课标指出：学生写作时要"观察周围世界，能不拘形式地写下自己的见闻、感受和想象，注意把自己觉得新奇有趣或印象最深、最受感动的内容写清楚"，"写作教学应该抓住选材、构思、起草、修改等环节，指导学生在写作实践中学会写作"。写作之前老师的引导起了拨云见日的效果，能打开学生的思路，使学生茅塞顿开。

老师引导：我们去过很多好玩的地方，经过同学的交流讨论后，值得记录的风景也很多。我们习作时不能"面面俱到"，选取一处你印象最深刻的风景，运用前面学到的描写景物的方法，按照一定的顺序，条理清晰地把它介绍给大家。现在赶紧拿起手中的笔，描画出你心中

最美的风景吧！

5.灵趣分享。

（1）成果展示。

①说："阳山美景游览记"汇报会，展示游览视频，口头分享美景，畅所欲言。培养学生的口头表达能力、舞台表现力等。

②画：制作游览路线图，用思维导图形式大致描绘美景印象。制作过程中培养学生的逻辑思维能力、创新思维、设计能力。培养学生的有效沟通、组织能力等。

③写：试着运用"了解课文按一定顺序写景物的方法，学习按游览的顺序写景物"来写游记。

④展：《阳山美景游览记》的编印成册，培养学生的创新思维能力。在编辑过程中，培养学生的文字表达能力。

（2）趣味评价。

评价表	1.过程评价☺😐☹(　　)				
	能力类型	评价标准	自评	互评	师评
	实践能力	学会上网搜集资料，寻找家乡美景，身临其境			
	观察能力	选择一两处印象深刻的美景，记录时突出中心，写出其主要特点			
		运用照片或视频记录其景色变化			
	语言表达能力	用比喻、拟人等修辞手法记录自己的观察所得，融入自己的想法和心情，小组交流分享			
	写作能力	生动形象地形成习作			
	综合素养	提升自己对观察和习作的兴趣，培养学生的口头表达能力、舞台表现力			
	请用画表情图案☺😐☹进行评价。				

<table>
<tr><td rowspan="12">评价表</td><td colspan="4">2. 总结评价( )</td></tr>
<tr><td></td><td>评价内容</td><td>评价依据</td><td>获奖小组</td></tr>
<tr><td rowspan="3">集体成果</td><td>最佳团队组</td><td>在组队过程中能分工合作，绘制线路图最美观的小组</td><td></td></tr>
<tr><td>最佳进步组</td><td>能听取别人的建议和意见，取得最大进步的小组</td><td></td></tr>
<tr><td>评价内容</td><td>评价依据</td><td>获奖个人</td></tr>
<tr><td rowspan="3">个人成果</td><td>最佳绘画奖</td><td>绘制线路图最美观</td><td></td></tr>
<tr><td>最佳汇报奖</td><td>口头表达能力、舞台表现力强</td><td></td></tr>
<tr><td>最佳习作奖</td><td>按一定的顺序，用优美词汇、句子写清楚家乡美景并融入自己的感受所形成的优秀习作</td><td></td></tr>
<tr><td colspan="4">请用旅游景点门票 进行评价，看谁得到的旅游景点门票 最多。</td></tr>
</table>

三、制作“时光留影机”同学记录册：五年级下册第五单元项目式学习设计

（一）项目简介

项目名称	时光留影机	适用年级	五年级
项目时长	2周	课堂时间	10课时
驱动问题	如何记录在一起学习的同学？		
项目概述	基于部编版教材五年级下册第五单元的习作单元“形形色色的人”，我们开展了《“时光留影机——留住黄埔的你”》的项目式学习。在此过程中，首先，学生要明确项目的任务，结合任务进行分组，各小组成员需要为整个活动出谋划策，与同伴一起商讨各个活动细节，学生的沟通与协商能力、活动统筹能力、情绪管理能力得到提升；然后，通过精读课文的学习，学生习得方法，在“交流平台”与“初试身手”中初浅尝试；接着，在习作例文与单元习作部分，引导学生通过阅读例文和批注，加深对具体表现人物特点的方法的体会，通过单元习作的实践综合运用方法；最后，制作并分享记录册，调动了学生的积极性和主动性，促使学生自信、大方地展现自我，增进师生友谊，培养团队合作意识		
核心知识	1. 学习描写人物的基本方法 2. 初步运用描写人物的基本方法，尝试把一个人的特点写具体		
项目目标	运用资料记录表、思维导图等工具搜集、整合资料；学会与项目学习小组成员合作、交流与评价；在写作中比较、分析材料，学习课文案例，学会例文修改，运用写作知识进行迁移，解决在写作中存在的困难和问题		
主要成果	同学记录册		

（二）项目课时安排

<table>
<tr><th colspan="4">核心任务:制作“时光留影机”同学记录册</th></tr>
<tr><th colspan="2">任务</th><th>项目内容</th><th>课时安排</th></tr>
<tr><td>灵通任务</td><td>入项活动</td><td>1.介绍学习内容
2.制定学习规划
3.试观察同学,完成《观察记录单》</td><td>第1课时</td></tr>
<tr><td rowspan="2">灵悟方法</td><td rowspan="2">精读课文</td><td>1.自主预习两篇课文
2.学习《人物描写一组》</td><td>第2、3课时</td></tr>
<tr><td>1.学习《刷子李》
2.对比描写人物方法的不同,感受好处</td><td>第4、5课时</td></tr>
<tr><td>灵展身手</td><td>交流平台、初试身手、习作例文</td><td>1.学习交流平台、初试身手
2.交流《观察记录单》
3.尝试运用描写人物方法观察老师或同学,写下来小组内交流
4.结合例文和批注,进一步感知写人的基本方法</td><td>第6、7课时</td></tr>
<tr><td rowspan="2">灵构缤纷</td><td rowspan="2">单元习作</td><td>习作指导课
1.习作指导
2.完成习作
3.初步分享</td><td>第8课时</td></tr>
<tr><td>习作讲评课
1.分享习作
2.点评习作
3.修改习作</td><td>第9课时</td></tr>
<tr><td>灵趣分享</td><td>庆祝活动</td><td>1.课前完成记录册或影视录
2.交流分享
3.活动总结</td><td>第10课时</td></tr>
</table>

（三）项目流程要点

1.灵通任务。

（1）激发兴趣。结合教材的单元导读，让学生知道本单元的人文主题是“形形色色的人”，语文要素是“学习描写人物的基本方法”，习作要求是“初步运用描写人物的基本方法，具体地表现一个人的特点”。然后展示孩子们初进黄埔就读时的生活学习照片，唤起孩子的回忆。在孩子回忆美好时光时，不禁感慨时间的流逝，在不知不觉中同学们都在成长，发生了不少的变化。此时，老师抛出核心驱动问题：我们如何留住在黄埔学习的时光呢？最后讨论统一意见，开展项目式学习。

（2）学习项目活动方案。

（3）分组讨论分工。

小组成员	角色	特长	主要职责	希望发展的技能
1	组长	协调能力强	组织并策划	统筹策划能力
2	摄影员	有一定的摄影能力	记录并拍摄	拍摄能力及视频剪辑能力
3	记录册编辑	有美术特长	编辑记录册	图书编辑能力
	视频剪辑员	会剪辑视频	录制、视频剪辑	视频剪辑与编辑能力
4	作品分享员	有较好的口头表达能力	介绍作品	口头表达能力

2. 灵悟方法。

我们把精读课文的教学目标主要聚焦在习作能力方面，引导学生把握课文选取的典型事例，从描写人物语言、动作、外貌、神态、心理等语句中感受人物的特点，发现、提炼具体表现人物特点的方法。重点围绕表达方法引导学生进行交流分享。主要设计了三个环节：轻松过关、愉快运用、趣味评价。

3. 灵展身手。

（1）学生以小组为单位汇报习得的写人的基本方法。

（2）学生试着用学过的方法描写一位同学（尽量是要记录的同学），列出表现他们特点的典型事例。

4. 灵构缤纷。

学生选择典型事例，通过描写语言、动作、外貌、神态、心理等，具体地表现人物的特点，达到用文字记录同学的目的。

5. 灵趣共享。

（1）以小组为单位，把习作以同学记录册的形式展现。

（2）举行分享会。小组代表展示、介绍自己小组的成果。

（3）评价、奖励。以投票的方式评选出一等奖两个，二等奖三个，三等奖八个。

四、创办“匆匆，那六年”情感栏目：六年级下册第三单元项目式学习设计

（一）项目简介

项目名称	创办“匆匆，那六年”情感栏目	适用年级	六年级
项目时长	2周	课堂时间	10课时
项目类型	学科主题探究项目式学习	主要内容	六年级下册第三单元(习作单元)
驱动问题	如何创办“匆匆，那六年”情感栏目？		
项目概述	时光匆匆，转眼已临近毕业。整理六年来的影集，与伙伴分享光影中的发现。诵读朱自清笔下的匆匆之情，感受时间流逝，记录自己对时光的独特感受。阅读同龄伙伴记忆中的盼、告别语文时的懊悔，发现充满智慧的生活态度带来的温暖与美好。开展“匆匆，那六年”情感栏目，记下自己六年小学生活中的独特感触，把匆匆六年永远留在自己心里，滋养未来成长之路		
核心知识	1.体会文章是怎样表达情感的 2.选择合适的内容写出真情实感		
项目目标	1.通过多角度观察生活，结合生活中印象深刻的经历和同学交流自己的真情实感 2.通过学习两篇课文、交流平台、初试身手和两篇例文，总结习作方法，引导学生习作，提升学生习作能力 3.让学生初步学习情感栏目的策划与开展		
主要成果	“让真情自然流露”习作、“匆匆，那六年”情感栏目视频		

（二）项目课时安排

核心任务：开展“匆匆，那六年”情感栏目			
任务		教学内容	课时安排
灵通任务	采撷流年里的光影	介绍学习内容 制定学习规划 分享我的成长相册	第1课时

续表

核心任务：开展"匆匆，那六年"情感栏目			
任务		教学内容	课时安排
灵悟方法	忘不了，那时的心情	自主预习两篇课文 学习《匆匆》	第2、3课时
		学习《那个星期天》 对比描写人物方法的不同，感受好处	第4、5课时
灵展身手	回忆，总是多彩	学习"交流平台""初试身手"、《别了，语文课》、《阳光的两种用法》	第6、7课时
灵构缤纷	让真情在笔尖流淌	习作指导课	第8课时
		习作讲评课	第9课时
灵趣分享	电波传递你我的情感	在朗读亭录制节目 交流分享 活动总结	第10课时

（三）项目流程要点

1. 灵通任务："采撷流年里的光影"。

活动一：晒晒我的成长相册

（1）观相册。

收集、整理自己入学以来的照片、视频影像资料，以及纪念物等，观看电子相册。

（2）谈感受。

活动二："我的栏目团队展示"

指导学生明确任务，将学生分成若干小组，结合小组成员的特长进行分工。

2. 灵悟方法："忘不了，那时的心情"。

活动一：感悟作家"匆匆"影像的情意

凭借关键词语体会作者是用具体化的方法把抽象的时间概念形象地展现出来。补充朱自清的生平和主要成就，帮助学生理解作者对时间发出如此感慨的原因。在此基础上，引导学生抒发自己对时间的感受，仿照文章的表达方法写下来。

（1）猜猜谜语，把住时光。

（2）揭示课题，体会匆匆。

（3）朗读叠词，理解匆匆。

（4）摄取影像，感悟匆匆。

①回首“八千多日子”。

②反思“一个日子”。

③凝望时间里的“人”。

（5）关注表达，体会写法。

①小组讨论：时间流逝本是司空见惯的现象，为什么作者能写得如此感人？

②试着运用形象化的表达方式说一说自己对时间流逝的感触。

（6）捕捉感触，记录匆匆。

结合在本文中学到的直抒胸臆的表达方法，选取一些小事，表达自己的真情实感。

活动二：找寻光线和声音里的“盼”

本活动就是教学生尝试情感迁移，通过找寻直接抒情和间接抒情的句子，感受作者的情感变化。学习过程中，要突出以下几点：一是通过梳理事件、聚焦景物读懂“我”的情感变化，感悟作者是“如何选材的”；二是通过找寻细节、品味语言，感悟作者是“如何表达的”；三是进行练笔迁移，仿写一个情感变化的片段。

①朗读词语，发现时间的痕迹。

②默读课文，画出“我”的心电图。

③想象画面，感受“我”内心的“盼”。

④回忆经历，写出那时的心情。

3. 灵展身手：“回忆，总是多彩的”。

“交流平台”对两篇课文在情感表达方法上进行了归纳梳理；“初试身手”安排了实践练习，先理解“心情不同对身边环境感受也不同”，再根据教材提供的情境，就两种心情状态来练习自然地表达情感。

活动一：小试牛刀，书写不同感受

（1）比较阅读，发现文章的异同。

（2）小试身手，书写不同感受。

①诵读写月诗句，理解借景抒情。

②浏览“初试身手”，体会分别表达了人物怎样的心情，你又从哪里体会到的？

③牛刀小试。从以下几个环境中，任选一两个自己熟悉的，就心情“好”与“不好”两种状态，分别写几句话。

活动二：难以忘记语文课上的一幕幕

通过小标题的概括和情感变化图表的填写，引导学生关注情感表达的方法：选用具体事例；书写内心独白。再通过交流本单元书写内心独白的语句，感受直接抒发情感更具有情感冲击力，也易唤起读者共情。

（1）概括事例，体会情感变化。

（2）阅读批注，归纳写作方法。

活动三：总记得阳光里的情趣

抓住文中的两个主要事件，借助批注，学习围绕主线组织事件来抒发情感的表达方法。通过两篇习作和两篇课文情感表达方法的比较、小结，拓宽学生的思路，明白在写作时表达情感的方法有很多，但都是具有真情实感，在叙述中自然流露。

（1）梳理脉络，感受阳光的温度。

①说一说文章主要讲了哪两件事，它们表达了怎样的情感。

②读一读批注，说说作者是怎样表达出这份情感的？

③想一想这样的情感表达方法对自己习作有什么启发。

（2）回顾课文，比较写法的异同。

4.灵构缤纷：“让真情在笔尖流淌”。

活动一：雕刻真情时光

在本单元的精读课文与习作例文中学生已经学习和了解了各种表达情感的方法，在本活动中指导学生把自己学会的情感表达方法灵活、合理、自然地运用在自己的习作中，写一篇具有真情实感的文章，提高学生书写真情的习作能力。

（1）回忆经历，捕捉情感。

①读词语（如下图），发现文中两组词语的特点。

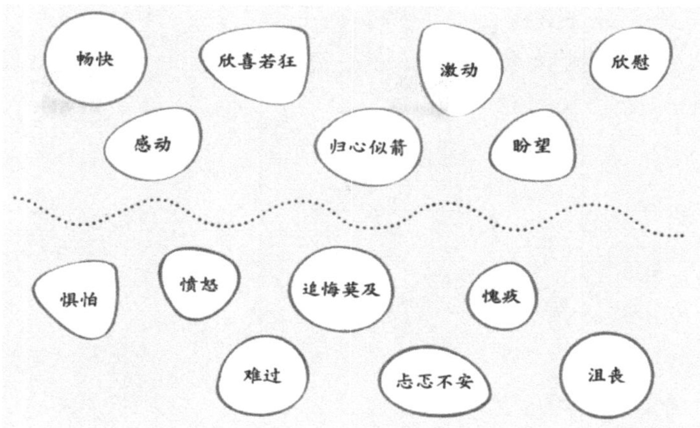

②说说自己在生活中还有哪些情感体验，试着像图中这样用一个词表达。

（2）编写提纲，梳理情感。

①选择一个最有感触的词语，说说它让你想到了哪件事？

②回忆事情的经过，将事情的经过用关键词填写在图表中，如果在事情发展的过程中自己的情感有变化，就在对应的“经过”后面写下自己的感受。（如下图）

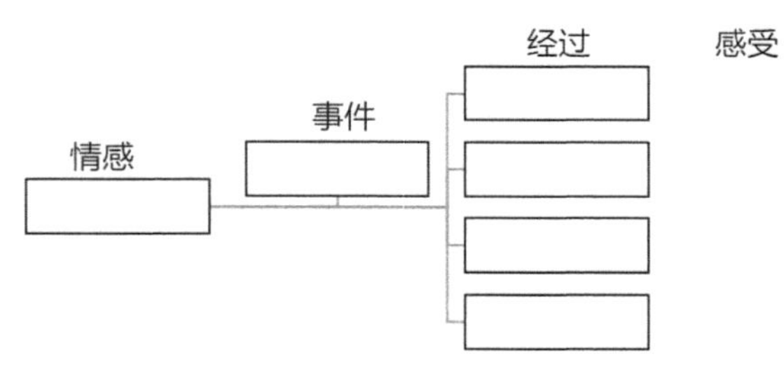

（3）下笔成文，记录情感。

①借助提纲，自主写作。

②片段展评，集体修改。

③对比展评，发现问题，讨论修改。

5.灵趣分享：“电波传递你我的情感”。

活动一：编情感记忆手册

（1）全班交换阅读作文，在评语栏写下自己的阅读感受。

（2）根据每一篇作文的情感关键词对全班的作文分类整理，划分成不同篇章，汇集成册。

活动二：通过朗读亭录制"'匆匆，那六年'情感节目"，评选出优秀作品上传至公众平台。

第三辑

反思赋能成长

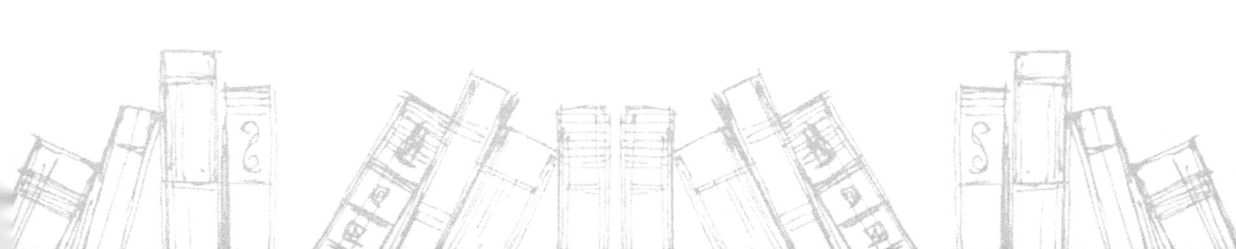

引子：反思是一种自我提升和成长的方法，通过对自己的行为、思想和情感进行深入的反思，以发现潜在的问题、改进不足之处，从而实现个人成长和发展。在反思中，我们将不断地在人生中超越自我，成就自我。作为老师更应该将反思作为教师职业成长的重要方式。美国心理学家波斯纳提出未来教师成长的公式：成长=经验+反思。没有反思的经验是狭隘的经验，只有经过反思，教师的经验才能上升到一定的高度，有助于完善今后的教学，拓宽专业视野，达到理想的专业发展高度，使自己茁壮成长起来。

“智慧五环”小学语文灵动教学模式

“灵动课堂”，“灵”就是灵活，教师以文而教，因生定教；“动”则是动口、动手、动脑，学生变输入式学习为输出式学习；有暖意的课堂是以生为本，与生共长，教学有创意，学习有动力。只有课堂充满灵动和暖意，教学才能更有实效。小学语文的教学相比于其他学科更加注重课堂的优化，学生们在课堂上学到的第一手知识决定了她们对语文的第一印象，同时语文是一门发散性学科，更需要课后的自主学习，无论是课堂上师生之间的互动交流还是学生之间的分组讨论，都对课堂学习有着重要的帮助，而课后学习的积极性往往也取决于课堂上老师的引导，因此需要老师构建一个有序的、生动的灵动课堂。在实际教学中，我从课前预习、关联导入、整体导学、合作探究、拓展延伸五个环节进行一个课堂构建。

一、课前预习奠基

好的开始是成功的一半，预习环节是教学“智慧五环”的第一步，这部分虽然是在课堂外的时间中进行，但也要算进课堂构建中的部分里。小学生由于思想还未成熟，很难进行自我学习计划的安排，因此要求教师提前通知预习，给学生一个合适的课前预习计划的建议，课前预习的内容可以包括标注出课文中的生字、提前了解课文故事发生的背景、大体知道学习内容和主线、预习过程中有什么疑问等。

比如统编小学六年级语文课本中，第一单元古诗词三首中，针对辛弃疾的《西江月·夜行黄沙道中》进行学习，古诗词对于小学同学来说，学习的要求和难度都要大于白话文的学习，因此就非常需要课前预习。在预习中，我们可以给学生一些预习思路，比如本首词的作者简介、写作背景、西江月词牌名的来历、全诗的含义和感情基调，再具体一点可以让学生在预习过程中了解词中“别枝”“茅店”“社林”等意象都是什么意思。辛弃疾这首词是中年时代经过江西上饶黄沙岭道所作，这首词虽然以写景为主，但是意蕴深厚，从中可以让人领略到稼轩词中一种深厚和豪迈的意境，如果不提前进行预习，那么课堂上将很难在短短一节课的时间内让学生充分体会到这首词的精妙之处。

由此可见，充分有效且合理的课前预习是高效语文课堂展开的第一步，同时也是十分重要的、不可省略的一步，如果跳过预习直接进入课堂，那么学生的学习将会显得特别突然，尤其是一些难度系数比较大的语文学习部分，学生仅仅在一节课的时间中学习这些知识会难以及时接收和消化，这样语文课堂的效率也会大打折扣，只有学生提前进行了相关课文的预习，才能更快更好地融入老师的课堂。

二、关联导入激趣

在语文教学的过程中，学生的学习意愿和学习兴趣显得极其重要，这就要求老师在课堂设计时充分考虑到教学的趣味性。学生的学习意愿永远是第一时间来自好奇，学生愿意参与进老师的课堂，要么是对这门课程有着极大的兴趣，要么是对这门课程的课堂有着极大的兴趣，其实两者也都是相辅相成，因此在课堂的开篇需要老师通过一个有趣的、合适的事例导入，这正是授课成功的第一步。

在统编语文课本第二单元中，第一课学习的是《七律・长征》这首诗，而这个单元也是围绕着“重温革命岁月，把历史留在心中”的主题，因此不仅仅是第一篇课文，在第一节课上我们可以通过介绍革命岁月的一些典型英雄人物的事例来引入这个单元的学习，从而顺理成章地开启第一课的学习。通过这个方法，我们不仅可以引发学生对本单元学习的兴趣，还能同时给他们普及一些相关的历史知识，了解一些和本单元有关的革命故事，拓展学生的知识面和素材，这也是语文课堂学习过程中的一个重点。

增加课堂开始的趣味性，不仅能帮助学生更生动的理解课堂知识，同时也能提升他们的学习积极性，增加老师的课堂效率，如果不去寻找一个有趣的切入点开始课堂，那么语文本身的趣味性就很难发挥出来，也浪费了一个增长学生语文知识的机会，学生没有在课堂起始就被吸引到，后期就很难创建一个高效的语文课堂。

三、整体导学互动

语文的学习是一个灵活的学习，在语文课堂的设计中，要注意不能将老师的授课和学生的学习分割孤立开来，老师的讲授应该根据学生的学习情况和领悟能力进行实时调整，这就需要相对频繁的课堂互动，通过师生间的互动调整课堂进度。同时，学生之间的互动也是必不可少的，这与下面所要说的“分组互动”不一样，这里所说的学生间的互动是指学生通过了解其他同学的发言来补充自己的知识，这个过程需要老师的引导，在学习过程中及时提出问题并随机选取学生回答，学生回答后还需要进行总结，并留给他们一定的时间进行思考和记录，这也是课堂上的一个互动。通过这样一个互动，学生的学习不至于闭门造车，老师也能够及时掌控学生的学习情况，同时还可以活跃课堂氛围，学生通过发言也能提高学习积极性和思考能力。

在小学语文统编课本六年级第八单元中，四篇课文皆和鲁迅有关，因为鲁迅这个人物的特殊性，很多学生对这个作家已有一定的了解，但同时也有一些学生并无了解，即使提前预习，可能学生原本的理解进度就有所不同，因此在课文的学习中，需要在每个阶段设计一个小的提问，随机选取学生谈谈对课文这一环节的理解，通过这个步骤老师能清楚了解学生的学习情况，同时那些基础比较薄弱的同学也能在其他同学的发言中补充自己的相关知识，课堂氛围也在一定程度上得到了活跃。

整体导学是构建小学语文灵动课堂“智慧五环”的第三环，也是极为重要的一环。教师只有充分了解学生的学习进度，才能适当地对自己的教学进度做出合理调整，避免浪费宝贵的课堂时间或者进度过快导致大部分学生难以接受。此外，语文这门学科具有自己的特点，每次学习可能每个学生的侧重点不一样，课堂互动能够显现出整体学习的薄弱环节，从而给老师制订下一阶段的教学计划一个参考。

四、小组合作探究

小学语文课堂的教学应当具有科学性和秩序性，合作也是对学生个人能力、综合素质、个性培养等方面的一个训练，对语文学习有着很大的帮助和意义。构建小学语文高效课堂的第四步就是分组讨论，其中每个小组中的分工，例如组织者、记录者、发言者、总结者等，都能够培养学生的责任担当，同时培养他们的团队合作精神和写作能力，这也是统编小学语文教材中的一个学习目标。

在教材的每一单元后面都有一个“习作”板块，这一板块也就是传统的写作，在作文课堂的设计时，分组讨论是非常重要且有效的，比如当课堂给出一个写作主题时，每个人都有自己的想法，当大家开始互相讨论、互通想法时，思维就能得到拓展，课堂效率也会相应地提高。

分组讨论的安排往往需要老师的协调，因为每个学生性格不同，有些比较内向的学生在分组时容易落单，老师在进行分组时也应该考虑到诸如此类的情况，只有这样才能更好地发挥分组讨论在语文课堂中的作用。

五、拓展延伸护航

在小学语文的课堂上，老师往往花大部分时间完成课本知识的讲解，就算有拓展也非常局限，因此学生课后的自主学习对于小学语文的学习起到了很大的作用。课后学习是对课堂学习的一个巩固和补充，小学阶段的学生记忆能力尚未发育成熟，如果没有课后的巩固，可能很难完成知识的积累，尤其是语文这门学科，因此需要老师为学生提供一个相对合适的课后复习安排，例如布置背诵任务和书面作业等。此外，课后复习能够帮助学生连贯前后学习，小学语文的教学内容比较简单，是语文学习夯实基础、培养良好学习习惯和学习兴趣的一个阶段，老师应当增强对课后复习和知识拓展的重视。

例如，在《宇宙生命之谜》这篇文章的学习中，老师可以通过布置课后作业的方式来引导学生进行生字、生词的复习，在课堂结束时，也可以向学生抛出一些思考题，比如：在这篇课文中我们今天学习了哪些汉字？今天这篇课文大家最喜欢哪一段？宇宙生命中除了本篇课文还有哪些未解之谜？大家回去对米子最喜欢的一段进行仿写等。此外，老师也可以引导学生课后进行一些相关的知识拓展，比如对宇宙中的相关知识的拓展，无论是物理知识、生物知识或人文知识，这些都对学生语文素养的培养有着很大的帮助。

语文是一门综合性的学科，小学语文注重基础知识和学习习惯的培养，只有提升学生在语文学习方面的积极性和主动意识，让学生了解到语文不仅仅局限于课堂，更存在于生活各处，才能通过课后的复习和巩固提升课堂效率。因此构建小学语文灵动课堂“智慧五环”的最后一环就是安排课后复习、拓展课外知识，这与第一步的预习一样，虽然处于课堂时间之外，但却非常重要，小学语文的学习前后联系相对紧密，课后的复习巩固能够帮助学生更好地进行下一堂课的学习，从而提升课堂效率。

总之，小学语文是一门兼具基础性、灵动性的学科，小学语文的课堂需要老师进行合适的、充满趣味性的流程设计，通过“智慧五环”构建小学语文灵动课堂。只有通过这五个步骤，在学生充分预习的状态下，引入一个相关有趣的案例，吸引学生的学习兴趣，同时引出本节课学习主题，然后在授课过程中充分与学生互动交流，了解学生的学习情况和学习进度，再让学生进行分组，自主学习互相交流讨论，安排小组发言，最后课后通过布置作业等方式安排课后复习，夯实学生的语文基础，提高学生的学习效率，扩展语文知识面，才能最终达到构建小学语文高效课堂的目的。

新课标下低年级识字教学

“识字、写字是阅读和写作的基础，是语文教学的一项重要任务。”新课标在识字、写字方面，实行“认写分开”，提出“认识”“学会”两种要求，在第一学段明确提出要“多认少写”。“多认”，有利于学生尽早、尽快、尽可能多地认字，以便尽早进入汉字阅读阶段。这无论对培养阅读能力，还是对培养获取信息的能力都有重要意义。发挥教材的优势，开发学生的潜能，让学生积极主动地识字，是一项挑战性的任务，我在实际教学中不断尝试，不断探究。以下就识字教学谈谈我的体会。

一、教学生在自学中掌握汉字的构字规律

过去的教学一般是老师教，学生学，学生处于被动地位。实验证明学生在充分自学中用多种方法思考、记忆、分析字形，是培养识字能力的捷径。当然自学不等于老师不教，教的目的是不教，放手让学生自己思考，自己发现问题，获得知识，这样的收获才扎实牢固，还可以从中摸索体会汉字的构字规律。在低年级的识字教学中我是这样做的：在学生学习了基本字、基本笔画、笔顺和常用的偏旁部首之后，上课时首先解决生字的读音，接着我就问学生：“今天我们要学习这几个生字，看谁最聪明？自己动脑筋想出最佳的记忆方法，请你告诉大家。”这样一问，同学们兴趣盎然，马上就开始在大脑中寻找答案，提出了许多不同的记忆方法：“以旧带新”“形近字对比”“同音字”“基本字加偏旁”“熟字去偏旁”“拆部件”“增减笔画”……如学习“玉”字，有的说“国”字去掉方框儿，就是玉；有的说“王”字加上一点就是玉；有的说“主”字的点掉在腰间，就变成玉。学习“园”字时，

有的说是在“元”字外面加上围墙“囗”就是“园”，从而明白“校园、公园”是有围墙的，以区别“元、园”的用法。学习“狠、恨”时学生把它们与“跟、很、根”等对比联系偏旁部首来记忆。就这样，在平常的识字课里，我注意渗透一些识字的基本方法，如熟字加部首法、熟字添笔画法、熟字换部首法、熟字去部首法、形声字学习法、查字典识字法等。让学生掌握了这些方法后，对一些简单的生字逐步放手让学生自学。形式上可先让四人小组自学，要求是读准字音，记住字形，分析含义。然后让小组汇报，说说要注意哪些字的读音，怎样记住字形，字的意思是什么等，汇报后再由其他小组补充、纠正等。这样让学生自学，学生可以有更多机会自由发挥，兴趣较浓，既培养了学生的自学能力、合作能力、表达能力等，又提高了教学效果。

二、在轻松愉快的学习中突破识字难点

刚刚入学的孩子年龄小，注意力不集中，易于疲劳，教学时我采用多种方法，激发学生情绪，使他们在兴趣盎然中边玩边学，充分调动学生无意注意的同时促使有意注意的发展。为解决困难创设情境，以促使学生思维灵活、有创造性地发展。以下是我在实际教学中采用的几种趣味识字方法。

（一）直观演示法

根据低年级学生好奇心强的特点，指导学生看图画、电视录像、幻灯片、实物等，这样可以激发学生的学习兴趣，使学生注意力集中，把无意识记变为有意识记，把枯燥无味的识记变为形象的识记，收到记得快、记得牢的效果。例如教学内容是一些动物的名字，鸟类、兽类、昆虫类等，我运用多媒体软件，把这些动物出示在画面上，并让它们动起来，这样，马上吸引了学生，使他们很想知道这些动物的名字是怎样写的，从而使学生集中了精神。又如教一些蔬菜的名字时，上课前，我都准备好了这些蔬菜，上课时，每教一种蔬菜，我都出示实物让学生看，学生熟悉的，就先让他们说出名称，再出示生字；学生不熟悉的，可先出示生字，再出示实物。有实物看，提起学生的兴趣，加强了学生的直观识记。实践证明，直观演示法识字，学生的印象特别深，掌握的生字比较牢固，教学效果较好。

（二）游戏法

识字的“机械化”枯燥无味，很容易引起学生的厌烦情绪，从而影响学习效果。在教学中，我们可以设计各种与生字联系起来的游戏，引起学生的学习兴趣，激发学生的学习积极性，从而有效地提高识字教学的质量。例如：① 找朋友。老师把生字卡发到同学的手中，一个学生拿着“放”字说：“我是‘放’，谁和我做朋友？”另一个拿着“学”的学生马上出来和“放”合在一起，说：“我是‘学’，我和‘放’组成‘放学’。”全班齐读“放学”。② 摘水果。老师先画出不同的果树，再把写有形近字的水果形卡片贴到相应的果树上，如：“杨、扬”“刻、孩”“栏、拦”等。教师读哪个字，就让学生把带有这个字的水果摘下来，然后用这个字组词。③ 动物找食。老师在黑板上贴上带有汉字的食物画，如：小虫、竹叶、青草、萝卜，又在另一处贴上几种带有汉字的动物画，如青蛙、熊猫、山羊、小兔，让学生分别读出各种动物和食物的名称，然后帮助动物找出它们各自喜欢的食物，相对应地贴在一起。④猜字谜记字形。在识字教学中，原原本本把字摆出来，学生没有多大的兴趣，而采用猜字谜游戏就不一样了。老师可以先给出谜面，让学生尝试写出字形，也可以和学生一道编字谜。如：“思”即“十张口，一颗心，猜猜看，动脑筋”。

（三）比赛法

小学生好胜心强，一提起比赛，他们就来劲了，所以在识字时，穿插一些比赛，能提高教学效果。如开火车比赛，教了生字后，开两列火车比赛，看哪组同学读得又快又准，就评出哪列火车开得又快又好；又如组词比赛，教了生字，让学生口头组词，看谁组得多；又如说话比赛，让学生用当堂学的词语说话，看谁用的词多。这些比赛，既能激起学生的学习兴趣，又能培养学生的口头表达能力，相得益彰。

（四）情景法

在识字教学中，通过简笔画、动作、语言等，创设情景，使汉字与事物形象地联系起来，能有效地提高识字效率。如教“哭”字时，学生比较容易写漏一点，老师可以出示一幅小妹妹哭的图画，再让学生用简笔画画出她哭的样子，老师指出“哭”上两个口表示眼睛，一点是哭的眼泪。这样，学生写“哭”字时，就会想到这滴眼泪，就不会漏写这一点了。又如教“跑”“跳”“推”等字时，可让学生做做这些动作，体会这些字的部首与意思的关系，从而记住这些字的字形。

（五）编口诀

在一二年级的识字教学中，我发现“编口诀”能帮助孩子们轻松地掌握一些难教的生字。念：今天要用心念书；肯：月亮不肯止步；狼：狼狠一点。两只小角，三横一竖——羊；一横一竖一撇一捺——木；木字旁边八个小三角——松；人字下面两个小三角——会；三个人一起晒太阳——春；三横一竖下面一个月——看……另外还将字形或字义相似相近或相反或是有关联的生字前后联系起来，比如：“米”字多一横是“来”，“几”字少一横是“儿”，“了”多一横是“子”，“挂”“蛙”“娃”用换部首认字练习等。我发现这种方法既能激起学生的学习兴趣，又能便于他们复习记忆，凡是用这种方法识记的生字，学生遗忘的概率比较小，默写正确率也提高；更为可喜的是学生自己也开始编生字儿歌了：“早”字戴草帽“草”，“日”字里面一个“木”——“果”，两个“木”是“林”，瞧，他们编得多好啊！又如：朋：两个月亮交朋友；种：禾苗种在水田中；树：村子里的树木对对齐。学习“爱”字，学生把它拆成“爫、冖、友”，我配上儿歌“爪字头，秃宝盖，小朋友，真可爱”。这样学生很快就记住了生字。

三、在生活中识字以巩固字形

（一）拓展延伸

语文课程标准指出：应拓宽语文学习和运用的领域。可见，在识字教学中，不能只为识字而教。我引导学生借助“识字”这一载体，开发课程资源，创生课程事件。如第二册有“祖国”一词，在执教过程中，我这样引导——我们的祖国叫什么名字？关于祖国，你还知道什么？执教“眼睛”一词，学生掌握音、形、义后再引导——眼睛可以干什么？我们应该怎样保护眼睛？这样，不但使识字教学显得饱满，还能充分挖掘学生的已有经验，激发学生积极的情感因素。

（二）阅读课外书识字

一年级新生在入学5—7周左右，便可熟练掌握汉语拼音，并利用音节读一些浅显的儿歌和儿童故事。此时，我一边教生字，一边引导学生读一些自己感兴趣的课外书，既激发学生阅读的兴趣，也有效地巩固了汉语拼音，更重要的是学生初学的生字一般都是常用字，这些字在书中出现的频率非常高（如“日、月、水、火、的、了”等字）。学生在新的语言环境中重会所学过的字，是一种知识的迁移，是兴趣盎然中的再学习，获得的是“温故而知新”的效果。但开始时，不可急功近利，盲目拔高要求，否则将“弄巧成拙”，扼杀学生阅读的热情。在具体操作中，我采取了“分层要求，循序渐进”的方法，对不同程度的学生作不同的要求：基础扎实的学生借助汉语拼音阅读，能直呼的就直呼，要求复述故事的大意；其余学生先读生字，再借助拼音一段一段地读，不求快，但求读音准确；阅读比较困难的学生，便引导他们“找朋友”，即从书中找出自己学过的生字，并用铅笔在其下打一小点。这样，人人都在“阅读”，人人都能“阅读”，包括“找朋友”的学生也“读”得兴致勃勃。日积月累，打点的字越来越多，学生便可以自由阅读了。这一过程让不同程度的学生都能在“读”中有所得，在“读”中获得发展。

（三）在生活中识字

学是为了会用。只有当学生懂得在实践中运用知识，才能算真正掌握知识，知识才能转化为能力。汉语是母语，学生在生活环境中，可以接触到很多汉字：同学、亲人的名字，商店的招牌，广告及家中物品的包装物等，可以说，汉字无处不在。引导学生平时留心观察，随时随地识字，也不失为一个课外延伸的好办法。如：发作业本时，让学生轮流发，从而认识同学的名字；星期天，让爸爸妈妈带着到大街上去“找汉字”，收获一定不小；家中物品的包装物上，汉字就更多了。诸如“红蜻蜓”皮鞋、“达能”饼干、“光明”牛奶、“巧手”洗衣粉……当学生能够正确地认读出生活环境中的字时，他是多么兴奋啊！因此，学生乐此不疲，此时再引导他们将收集到的商标、广告等汇集起来，装订成册，便成了一本生动形象、图文并茂的“识字读本”。下课时，互相考一考，真是“乐在其中”！

总之，在识字教学过程中，通过各种途径和方法，我变枯燥为生动、变单一为多样、变呆板为活泼，确立了学生的主体地位，培养了他们自主学习的能力，满足了他们的成功欲，让学生感受到识字的快乐，促使学生在学习和生活中，能够自觉自愿地识字，培养对祖国语言文字的热爱之情。

语文教学中如何培养学生的创新能力

人的可贵之处在于创造，从一定意义上说，人类的历史实际是一部创造史。正是人类永不停歇的创造活动推动着人类历史不断进步。在知识经济日见端倪的今天更需要大批创新型的人才，而创新型人才的培养主要靠以创新为核心的素质教育来实现。因此，当代教育的重要任务就是要培养创造性人才。那么，在语文教学中如何培养学生的创造力呢？下面就谈谈我在实际教学中的一些体会。

一、凸现主体，是培养创造力的前提

人本主义教育家罗杰斯认为：“成功的教学依赖于一种和谐安全的气氛。”这种氛围在“一言堂”上是不可想象的。要培养学生的创造力，必须优化以学生为主体的教学环境，让学生真正成为课堂的主人。在实际教学中我的教学态度是民主、平和、友善、激励、宽容和引导性的。常常蹲下身来与学生平视，创设能引导学生主动参与的教学环境，尊重学生自己的方式、独到的思维和新颖的见解，激发学生学习的主动性和积极性，使学生拥有一个愉快、宽松的学习氛围。并在课堂上允许讨论，允许实话实说，甚至允许有争论，有保留意见。“水尝无华，相荡乃成涟漪；石本无火，相击而发灵光”。这样，学生的创造潜能就会自然地表现出来。因此，以学生为主题，放开束缚学生的一切禁锢，是培养学生创造力的前提条件。

二、质疑问难，是培养创造力的途径

传统的教学往往是单向的、灌输式的。课堂上，教师期望的是学生按照教案设想做出回答，学生在教学中实际扮演着配合教师完成教案的角色，教师讲，学生听；教师问，学生答。创造教学追求的是学生好问的精神，我常鼓励学生质疑问难，引导发现，解放学生的头脑和嘴巴，使他们敢想敢说，指导学生或于平淡无奇之处生疑，或于深层蕴意之处生疑，或于新知与旧知比较中生疑，在质疑问难中迸发出多彩的思维浪花。例如，我在教《瀑布》一文时，指导学生朗读后启发学生质疑：作者为什么要把瀑布比喻成都差不多的“烟”“雾”“尘”呢，说一个不就行了？然后，我对这个问题略作化解：三个比喻一样吗？有什么区别？烟是什么样？雾是什么样？尘又是什么样？于是学生热烈地讨论起来，大家对课文深入思考，在我启发下归结出：比喻为“烟”，突出了滚滚腾腾的“势”；比喻为“雾”，突出了弥弥漫漫的“态”；比喻为“尘”，突出了星星点点的“形”。这样，循序渐进地引导学生在质疑问难中锤炼自己，主动地探求知识，为培养学生的创造能力铺设一条高速公路。

三、标新立异，是培养创造力的关键

创造往往与新奇、稀奇古怪相连。一般来说儿童的思维很少受限制，想象力丰富，思维定式较少，各种奇异的想法层出不穷。这是发明创造的一个很好资源。对此，我不扼杀儿童不断提出“为什么”时的猜想冲动，不磨灭学生与生俱来的探究世界的好奇心，并善于肯定和引导。例如：教学《跳水》一文结尾时讲到船长用枪威逼孩子从那么高的地方跳水，教学时可让学生讨论：除了船长的这个办法，有没有别的办法来解救孩子的生命？有的说：可以给孩子送上绳子，并让他从绳子上滑下来；有的说：可以升上船帆；有的说：可以在甲板上铺开大网等。学生说的办法很多很多，教师暂不作评价，而是趁势问，这些办法来得及准备吗？为什么？学生纷纷讨论：认为时间不允许，而且孩子已觉察到自己有危险，在横木上摇晃起来了。在这千钧一发之际，只有跳水才是挽救生命的唯一办法，进一步认识到船长的聪明果断，急中生智。这样在课堂上提出问题让学生动脑动口，七嘴八舌，你说我道，激发学生的学习兴趣，启发学生自觉展开思维，鼓励学生标新立异，这是培养他们创造力的关键。

四、拥有自信，是培养创造力的源泉

创造力的培养，最需要学生对自己的创造潜能拥有自信。一个失去自信的人，连一个简单的事情都会做不好。“自信心是成功的一半。”拥有自信才能有积极的态度和不懈的精神去探索问题，并且大胆提出自己的想法，哪怕是不成熟的想法。每当学生感到困惑的时候，每当学生遇到挫折的时候，每当学生产生动摇的时候，我就这样鼓励学生：“处处是创造之地，天天是创造之时，人人是创造之人。再尝试一下，你行，你可以。”“远离自卑，拥有自信，成功在向你招手！”扬起学生创造的风帆，鼓励他们找回自我、战胜自我、超越自我，激发了学生的创造热情。实践证明，让学生拥有自信，是培养创造力的源泉。

培养口语交际能力的方法

《语文课程标准》指出："要培养学生具有日常口语交际的基本能力，在各种交际活动中，学会倾听、表达与交流，初步学会文明地进行人际沟通和社会交往，发展合作精神。"那么如何培养学生的口语交际能力呢？美国教育学家布鲁纳说："学习的最好刺激乃是对所学学科的兴趣。"对于小学生来说，老师如何指导学生说，让学生想说、爱说、能说，这是提高口语交际能力的关键所在。学生喜欢轻松活泼的学习气氛，喜欢生动灵活的训练形式。在口语交际教学中，我立足课堂，充分利用教材，充分调动学生说的兴趣，采用灵活多变的教学形式，寓教于乐，力求收到良好的教学效果。

一、以听导说

音乐能使人产生感性上的直接体验，唤起听者情感上的共鸣。因此，如果选取的音乐与教材语言具有一致性或相似性，尤其在意境上和情节发展上二者和谐、协调，就会产生意想不到的效果，达到以音乐渲染情境的目的。例如在教学《静夜思》一课，在讲读理解了古诗的大意后，为了帮助学生体会、想象诗的意境，我这样引导学生"在这深秋之夜，诗人夜半醒来，都看到些什么，想到些什么呢？让我们听着音乐，看着图，对照着诗想想看。"接着放古筝曲《春江花月夜》，随着音乐悠扬响起，我旁白道"在一个深秋的夜晚，诗人夜半醒来，朦朦胧胧中看见床前一片……以为……当他想到这不是……而是……时，就抬起了头。这时他望见了……想到……不由得……"接着追问学生诗人看到想到的情景，让他们以诗人的身份说说都看到些什么，想到些什么；然后让学生分小组进行讨论交流；最后请同学上来表演，其他同学进行补充。这样，孩子们兴趣极高，不仅乐于说，而且说得生动具体，不知不觉中就领悟了诗中的意境，同时锻炼了口语表达能力。

不同的物体和不同的场面发出不同的声响，表达不同的情感，反映不同的故事，我平时留心收集各种声音，如：歌声、笑声、风雨声……在课堂上让学生听声音想象场面，并将场面编成故事讲给大家听。例如，一次口语交际课上，我把事先录制好的有多种声音的一组音乐播放给学生听。先让学生认真地听，仔细辨认这些声音。听完以后，学生的学习热情很高，有的说，“哗哗声”是大海涨潮的声音，有的说，“啪啪声”是过年放鞭炮的声音，还有的说，好像听到了小鸟在枝头“唧唧的鸣叫声”。接着再让学生听，让学生想象与这些声音相关的事物，以及时间、地点、人物、景物、场面等，学生在相互探究的过程中对音乐所描绘的整体形象，形成了有自己特点的腹稿，然后让学生在小组内互相交流，在想象的天地中尽情地表述自己的奇思妙想，最后每组选出代表上来发言。这样调动了学生说的积极性，培养了学生的想象思维和表达能力。

二、以画导说

很多小学生都十分喜爱绘画，图画作为一种直观的教学手段，能对学生的感官发生作用，让他们插上想象的翅膀，丰富学生口语交际的内容。例如说话写话课《秋天来了》，我先激发学生的兴趣导入新课：“同学们，秋天是金色的季节，也是丰收的季节。秋姑娘来到果园里，果园里会是怎样的一幅画呀？”一石激起千层浪，同学们迫不及待地说道：“秋姑娘来到公园里，菊花开了，枫叶红了；秋姑娘来到田野里，稻子熟了，棉花白了……”我先让同学们分小组来说一说，相互之间取长补短，共同丰富画面内容；然后小组共同创作这幅图；画完后，请同学上台展示本组的作品，并向全班描述图上的景物。说得好的地方给予肯定和鼓励，不足的地方让同学来补充。由于是孩子自己创作的图画，在交际过程中思维十分活跃，不知不觉就进入自己创设的画境中，表达得相当精彩，收到了良好的教学效果。

低年级教学要充分借助插图，让学生一部分一部分观察之后，连起来说一说图意，训练学生的观察说话能力。如在教学《美丽的公鸡》这课时，我先重点精讲第一段中公鸡美丽外表的看图方法，然后放手让学生认真观察，同桌之间互相说说第二幅至第四幅图中啄木鸟、蜜蜂、青蛙样子的特点，说说它们与公鸡是怎样进行对话，应怎样说才能说出公鸡由骄傲到伤心的口气和其他动物冷冷的口气。在总结全文时，让学生看第一幅图和第六幅图对比讨论："什么时候的公鸡最美，为什么？你喜欢它吗？"这样通过学生观察图画来引导学生说话，学生兴趣浓厚，思维活跃，说出的内容丰富多彩。

三、以演导说

好动是每个孩子的天性，表现自己也是每个孩子本能的欲望。通过组织学生尝试进行合作表演，能充分调动学生的积极性，巧妙地使他们进入特定的情境中，在自主合作的活动中全面提高口语交际能力，形成"角色意识"，从而自觉学说，大胆表达。如教学童话《小壁虎借尾巴》一文，在小壁虎没借到尾巴回到家时，小壁虎把借尾巴的事告诉了妈妈，而到底是怎么告诉的这部分省略了。为了让孩子想象小壁虎垂头丧气回到家和妈妈说话的情景，加深理解，我引导学生"现在老师来做壁虎妈妈。你们演小壁虎，谁来对妈妈说说？"先让孩子们在下面自己演练，孩子们在下面热火朝天地说了起来。然后指名上台表演，一个学生说道："妈妈，我的尾巴被蛇咬断了，真难看，我就向小鱼姐姐、黄牛伯伯和燕子阿姨借尾巴，可他们不借。小鱼姐姐说，她要用尾巴拨水；黄牛伯伯说，要用尾巴赶蝇子；燕子阿姨说，她要用尾巴掌握方向。唉，真是气坏了我。"我深情地说："孩子，它们的尾巴各有各的用处，怎么能借给你呢？孩子，你回头看看你的尾巴。"学生回头一看，高兴地叫起来："啊！妈妈，我又长出一条新尾巴啦！"我笑着竖起大拇指说："孩子，现在你明白了吧，壁虎的尾巴断了还会再长出来。"这样，通过表演体会情境，让学生扮演故事中的角色，他们情绪高涨，课堂气氛活跃，不仅提高教学效果，还能培养口语交际能力。

人们进行交际，总是在一定的情境下进行的。因此，我在平时教学中注意创设多种情境，打开学生思维的闸门，让学生不愁无话可说，无情可表，使交际活动热烈、生动、活泼，同时训练学生用不同的语气辅以各种动作、神态去表达自己的思想感情。例如，在"打电话""问路""买东西"等口语交际课上，我设计了相应的生活情境来让学生进行口语交际，并用上“请问”“您好”“谢谢”“再见”等礼貌用语。这样调动了学生的生活感知、生活积累，使学生在口语交际中说得具体、说得真实、说得生动有趣。

四、以玩导说

根据低年级学生喜欢做游戏的特点，把口语交际训练融入各种各样的游戏之中，采用灵活实效的形式进行组织教学，让学生在玩中学说，拓宽了学生的说话的空间，充实了学生的说话内容，说话训练充满轻松愉快的氛围，使学生由过去的“要我说”变为“我要说”。例如在教学中我采用“画嘴巴”“老鹰捉小鸡”“丢手绢”等学生喜欢的游戏，指导学生进行口语交际活动，提示游戏开始做什么？过程怎样？你最喜欢哪部分？小朋友都有什么表情？通过引导，孩子们在他们熟悉的游戏中，说出了他们最真实的话，在快乐的活动中进行交际。如一些学生说道：“鸡妈妈张开翅膀勇敢地保护我们，我们紧跟在她的后面，左右躲着，老鹰快跑不动了还抓不到我们。”“我害怕被抓住，所以跑得非常快，一刻也不敢放松，担心掉队。”“我蹲在那儿非常紧张，心怦怦直跳，眼睛乜斜着。”“我发现手绢，马上抓起手绢飞一般跑起来。”这样，激发他们表达的欲望，引导学生由说好一句完整的话开始过渡到说一段话，由易到难，由浅入深，从简到繁，逐步提高，从而让学生用完整的语言叙述游戏，让学生真正感到有话可说，有言可发。还有“接龙游戏”“妙语串珠”等游戏，这些活动本身就是一种训练、能力的培养，让学生在游戏中既明白要转述的内容，也能完整的传达内容，让学生的听力、记忆力、口语能力都有提高。

这样，通过游戏让学生在同学之间相互交流感兴趣的话题，使学生活跃起来，避免了口语交际能力课的单调、枯燥，调动了学生参与口语交际训练的积极性，并增加了学生练说的机会，扩大了口语交际的“面”与“量”，使学生的口语交际能力得到切实有效的提高。

课后习题落实语文要素的策略

语文要素是部编版语文教材的一大亮点，指学生小学阶段学习语文必须掌握的语文知识、语文学习方法以及良好学习习惯的培养。统编教材将语文要素分成若干个知识或能力训练的“点”，螺旋分布在各个单元的单元导语、课文、课后习题、口语交际、语文园地和习作中。可见，课后习题是语文要素的重要载体，教师需要对课后习题进行探究解码，深入挖掘课后习题与语言要素之间的关联。第一学段的语文要素没有单元导语提示，这就需要教师高度重视课后习题，不能仅仅将课后习题作为学生的“课后练习”，而应认识到课后习题“课前引导备课”“课上组织教学”“课后指向运用”的重要价值。如何巧用课后习题落实语文要素，中间的暗箱需要划分明确的步骤，包含教学目标的确定，教学资源的开发，教学活动的组织、实施与评价，形成一个课堂教学的完整闭环。

一、以课后习题为终点，确定教学目标

美国教育评估家威金斯在《追求理解的教学设计》一书中提出了逆向设计的方法。“逆向”即在教学设计中首先明确学习目标与确定学习目标的评估方式，根据目标与评估来规划学习经验与教学。首先考虑学习结果，带着问题去思考、研究、修订教学。逆向教学以结果为导向，以“学生的学”为本。低年段的语文学习即可遵循逆向设计的理念，将课后习题要求学生掌握的知识和能力作为教学的终点，倒逼教学目标的确定。

如二年级下册《蜘蛛开店》的课后习题是“朗读课文。根据示意图讲一讲这个故事”“接下来会发生什么事？展开想象，续编故事，讲给大

家听”。这两个课后习题是一个阶梯式的语言表达类习题，第一个梯度是了解课文内容，根据示意图讲故事；第二个梯度是展开想象，续编故事。按照逆向设计的思路，这两个习题指向了学生学习的评估结果，即会讲故事、续编故事。“会讲故事”就需要了解故事的起因、经过、结果，课后习题中的示意图以蜘蛛网的形式，将“卖口罩、卖围巾、卖袜子”“河马、长颈鹿、蜈蚣”巧妙地呈现出来，但想帮助二年级学生将故事讲完整，光有“买什么”“谁来买”的提示还不够，还需要教师和学生一起共建示意图，补充“蜘蛛的表现”“织多久”，在这样的提示下，学生就能讲好故事。“续编故事”则需要学生理解“蜘蛛卖的东西和顾客的特点正好冲突”，才能续编出“蜘蛛卖背心，大熊来了；蜘蛛卖手套，毛毛虫来了”等故事。针对习题指向的学习结果的评估，通过逆向思维的设计，将教学目标定位为：补充完善示意图，借助示意图讲故事；了解“蜘蛛卖的东西和顾客的特点正好冲突”的道理，续编故事。学习目标定准了，教学设计才能有效，学生的学习效果才能达成。

二、以课后习题为起点，创设学习情境

低年段的课堂教学，一定要基于学生的学习兴趣与需求，充分调动学生经验，创设丰富有趣的学习情境，帮助学生主动进入学习，提高学习的效率。低年段的课后习题也充分考虑学段特点及学生学习规律，习题设置紧密结合课文内容，降低难度，联系学生生活实际，图文并茂等。因此，教师要以课后习题为起点，创设具有真实性、趣味性、探究性的学习情境，充分渲染情境的作用。

如一年级下册《荷叶圆圆》的课后第三题“读一读，写一写”，出示了一个范例“荷叶圆圆的、绿绿的”，要求学生完成题目“苹果____的，____的”。如果把它看作是一个简单的句子仿写，就过于简单化了。“荷叶圆圆的、绿绿的。”这句话是课文中的第一句话，也包含了题目“荷叶圆圆”，不仅能让学生感受叠词带来的画面美，更能激发学生对夏日荷叶、荷塘的喜爱，是创设教学情境的最佳素材。教学中，教师首先将一片真正的荷叶贴在黑板上，让学生夸一夸这片荷叶，学生结合以往的学习经验以及生活经验，自然而然说出了“荷叶圆圆的、绿绿的、美美的”，接着教师又出示了云朵的图片，学生说出了“云朵白白的、软软的”，最后教师拿出了一个真实的苹果，引导学生看一看、闻一闻、摸一摸、尝一

尝，在这样的情境下，学生纷纷说出了“苹果红红的、圆圆的、滑滑的、香香的、甜甜的、脆脆的”，生活和学习的经验完全被激发，也从多角度完成了课后习题“苹果____的，____的”教师随即指导了叠词的朗读，语调上扬，发音饱满，要读出可爱和童趣。至此，学生对叠词的用法、表达效果、朗读方式有了整体的感受，也对这圆圆的、绿绿的荷叶展示出强烈的学习兴趣，情境的创设由荷叶出发，再回到荷叶，师生共建出一个生动有趣又具有启发性的学习情境，促进了后续的学习。

三、以课后习题为锚点，搭建问题支架

语文学习不仅仅关注知识与技能的获得，更重要的是学习过程中习惯、方法、思维能力、情感态度的养成，这就是素养的本质所在。低年段的语文学习，也要以素养为导向，注重培养学生整体感知课文的学习习惯，捕捉关键语句的学习方法、主动思考问题的思维能力等。因此教师要以课后习题为锚点，锚定关键能力，其有效策略之一就是明确核心问题，搭建问题支架，整体组织教学。

一年级下册《棉花姑娘》的第二道课后习题是“连一连，说一说”，出示了“燕子、啄木鸟、青蛙、七星瓢虫”的图示，以及“捉空中的害虫，捉树干里的害虫，捉天上的害虫，捉棉花叶子上的害虫”词条，教师稍作解读便能建构出本节课的核心问题：“都有谁来帮助棉花姑娘捉害虫了？”这个问题支架下，引导学生理解不同的小动物捉的害虫不一样，最后七星瓢虫成功地帮助棉花姑娘治好了病。也正是这个核心问题架构起了整堂课的教学，将识字、有感情地朗读对话、理解课文内容、表达等有机融合在一起，规避了低年级课堂容易出现的师生一问一答、拖沓低效的问题，学生在核心问题的支架下学会自主思考、自主与文本对话，提高了问题意识与自主学习能力，培养了学生的高阶思维。

四、以课后习题为焦点，走向生活运用

语文素养包含了一系列的语言文字训练目标，在不同年段以螺旋上升的方式不断积累与整合，最终指向了素养的落实与培育，如今“大语文”的观念也逐渐被老师们落实在课堂教学中，语文学习是走向生活的，是走向实际运用的。因此教师要以课后习题为焦点，强化语用训练，培养学生“在生活中学语文、在生活中用语文”的意识与能力。

一年级下册《要下雨了》的第二道课后习题是“想想燕子、小鱼、蚂蚁下雨前都在干什么?”如果只是结合课文去回答问题，那就只是从学课文到学课文，没有走到学生真实的生活世界中去。这个问题可以进行这样的变式处理:“前天，老师去公园里散步，发现了一些奇怪的现象，燕子低飞、小鱼跳出水面、蚂蚁忙着搬家，假如你就是这些小动物，你会对老师说些什么呢?”这就是一个将课文知识迁移至生活运用的真实性问题情境，在这样的情境下，学生的回答非常个性而多元，一位同学说:“老师，您快点回家吧！要下雨了！因为空气潮湿，虫子的翅膀沾上了水，所以飞不高。你看，我们燕子忙着捉虫呢！以后您再看到燕子低飞，就知道要下雨了！”学生不仅用到了课文学到的知识，还联系了生活实际，充分调动了语文的理解、分析、迁移、口语交际等能力，促进了语文素养的培育。

小学语文阅读教学中的审美教育

小学语文教材蕴含着极为丰富的审美素质教育的内容，是文质兼美、文道统一的艺术珍品。赞科夫在《与教师的谈话》中指出："审美情感，是人所特有的本性……我们可以指望一些审美情感会自发地形成。必须进行目标明确的工作来培养学生的审美情感。"

小学生的可塑性强，而抽象能力差。笔者认为，对小学生进行审美教育，要采用生动形象的方法，用艺术的魅力吸引学生，让学生始终怀着强烈的兴趣，在审美过程中自觉接受教育。因此，我一直坚持以教育教学为主线，把美育融入语文教学的各个环节，在潜移默化中，对学生进行审美观念的教育。

一、以"美"入境，积蓄情感

小学生的审美经验还是较低层次的，对于人和事，大多以好坏来分；对于自然景物，也多以美与不美来区分。但他们天真纯洁、少偏见，对教师进行的教育愿意接受。针对这一点，对学生的审美教育，就应该把教学生懂得什么是美作为重点。引导学生品悟文本、敞开胸怀，去了解自然之美，去认识人性之美，从而逐步积累审美知识。

如在讲授《故宫》《敦煌壁画》这类文章时，不仅使学生了解文章精彩的描写，雄辩的语言，更把这些文章当作对学生进行爱国教育的典型材料。在指导学生学习六年级上册的一篇《望大陆》时，除了向学生概括介绍于右任是一位学有专长的学者外，还介绍他的生平事迹，让学生加深了诗人为什么有"望我故乡""望我大陆"，促使学生认识到爱国是高尚的情操，是崇高的美德。

讲读《桂林山水》《五彩池》《锡林郭勒大草原》等这些课文时，

我把审美教育的重点放在如何去欣赏自然之美上。读《锡林郭勒大草原》，我让学生想象柔柔的绿草中闪闪烁烁的野花；读《桂林山水》，教学生大胆想象，在脑海中勾勒“神姿仙态”的桂林山水形象；读《我家门前的海》，去感受大海的波澜壮阔……通过诵读、想象、指导，学生能很好地把握什么是清新明丽的阴柔之美，什么是灿烂壮阔的阳刚之美，什么是意蕴深远的含蓄之美。课堂结束后，我还指导学生做了绘画作业，画中有情一样深、梦一样美的老人峰，有一望无际的深蓝的大海，也有江南春雨中的小桥流水……看得出课文中描写的自然之美，深深地吸引了这些充满童真的孩子们，作者在笔端中流露出的热爱生活之情，完全感染了学生，同学们的绘画，表现出他们心中美的天地，也是对美的创造。

二、以“情”串联，参与体验

如今的学生接触社会多了，课外阅读的范围也扩大了，对社会美及自身的风度美有了一些不同的追求。面对美丑杂陈的纷繁世界，教科书上的知识已经远远不能满足学生对美的认识和渴望了。在带领学生进行审美活动时，我通常会以游戏的方式进行。

《荷花》一文后半部分是写荷花的动态美的。在教学这部分内容时，我就采取了游戏的形式让学生亲自体验这种美感，在课堂上组织学生表演“荷花舞”。让全体女生都扮演荷花，其中一个当作者；另外叫两个男生分别扮演蜻蜓和小鱼。指导学生朗读了几次课文以后，按课文的情节进行表演。表演完后，再指导学生学习文中的省略号，让学生展开想象，课文的省略号省略了什么内容，可能还有哪些动物也被吸引过去了？他们又可能说些什么呢？学生的思维一下子被激活了，纷纷说出自己心中的答案，把“伴荷起舞”的场景勾画得惟妙惟肖，生机盎然而又充满了童趣，学生就这样在学习和表演中受到了美的熏陶。

利用多媒体的辅助手段创设教学情境，大大丰富了课文的审美空间。在学习《庐山的云雾》一文时，我制作了一段视频，运用音乐、文字、图片等素材，伴随着动听的音乐、优美的图片、声情并茂的朗读给学生一种仿佛身临其境的感觉。学生看完后纷纷说出自己的感受：庐山的云雾真美！那些云雾让人感觉像是仙境……如果我能亲自到庐山去欣赏这美丽的景色就好了！一段简单的视频，让学生理解了课文，在感受美的同时，自然而然地就产生了交流美感的需要，也就参与了美的体验。

三、以“丑”衬美，强化认识

美的对立面是丑，认识“丑”更能让学生感悟到什么是“美”。教学中，教师不但要感受美好的形象，同时也要分析丑陋的事物，让学生在对比中认识美、体验美和评判美，从而培养学生对美丑的感性认识，提高学生强烈的审美能力。如在教学《小英雄雨来》被鬼子“威胁盘问”这一部分时，我首先让学生分别画出鬼子和雨来的语言、动作的词语，然后让同桌间分角色去朗读，学生在深入感悟的基础上，我让学生上台表演课本剧，学生把鬼子的狡猾、善变、凶恶嘴脸表演得入骨三分，同时树立小英雄雨来那不被鬼子利诱、坚强不屈的形象。通过一系列的活动，学生通过品读分析，感悟到鬼子用糖、用金子利诱的狡猾以及最后露出凶残的本质，这些与雨来坚强不屈的形象形成了鲜明的对比，学生感悟深刻。又如教学中《西门豹》一文中，我让学生以列表的方式罗列西门豹和巫婆分别都做了什么事，这些事给百姓带来什么后果，学生在比较分析后，我组织学生展开讨论，让他们各自在不同的角度上发表对美与丑的不同看法，最终得出什么是美的，什么是丑的。

四、以“境”拓展，升华情感

认识美和感知美，都只是审美的初级阶段，要使美育能直接表现在语文教学效果上，还得让学生掌握一些表现的手法，鼓励他们把自己对美的感受用各种方式表现出来，大胆去创造美。多年的教学实践证明，通过作文可以让学生把认识的“美”和感知的“美”内化为自己的体验，使情感得以升华，进而创造“美”。

六年级上册《永远的歌声》一文语言美，画面美，充满童真童趣，充满了感动和幸福，以至于多年以后回想起来，依然是那么美好。学习完课文以后，我借此契机，让学生自己发自内心去表达对老师的敬意，很快就有学生上台表演自己拿手的节目——唱歌、跳舞、即兴做手工……第二天的作文课上，不用苦心启发，“献给老师的礼物”题目刚一写上黑板，教室里便响起了沙沙的笔声……又如学习《四季的童话》时，我指导学生从文中的语句去认识大自然的美，再把学生带到校园去，把自己的感情摆进去，既获得真切的感受，又开阔了视野，增长了知识。接着，我让学生以《校园的童话》为题作文，孩子们情感的闸门冲开了，编写了许多情节生动，富有情趣的，以赞美校园为中心的童话故事。我还让学生上台进行配乐演讲，大家听音乐，讲故事，欣赏着自己创造出来的成果，感到特别高兴。美的创造，是一把打开学生写作思路的钥匙。

春风化雨，润物无声。在语文教学中进行审美教育，在传授知识的同时，也把美的种子播撒在学生的心田，可以使他们终身受益。实践证明，这是一项值得开展的工作。

小学语文课堂教学中的有效评价

《语文课程标准》对语文教学评价做了如下阐述："评价要关注学生学习的结果，更要关注他们学习的过程；要关注学生语文学习的水平，更要关注他们在语文活动中所表现出来的情感与态度，帮助学生认识自我，建立信心。"语文课堂是学生学习过程的一种动态而赋予灵性的展现，它既能反映学生语文学习的水平，又能反映学生在语文学习过程中所表现出来的情感与态度。因此，教师应在语文课堂上对学生的学习过程进行有效评价，通过有效评价帮助学生进行自我教育、自我进步，使学生认识自我、建立自信。小学语文课堂上如何进行有效的教学评价呢？

一、激励学生参与评价，和谐课堂气氛

课堂教学作为教学活动过程，是师生共同参与其中的生成性活动，关注和反思这一过程将会有效提高课堂教学效果。所有教师课堂教学评价都注重了形成性的评价，对于学生的发言都能够做出积极的评价，注重对学生学习兴趣的激发。尤其是在公开课的课堂上形成性评价较好，能够激发学生的潜能。可在平时的课堂教学中，教师的评价只是针对那些课堂乐于表现的同学，课堂上往往有三分之一的同学在一节课中不曾参与到学习互动当中。他们对教师和同学所做的一切无动于衷，他们已经适应了倾听，而发言是别人的事。如何也让他们也参与其中呢？那就是让他们自己审视自己，反思自己。对自己的每一堂课进行一个终结性的评价。为此，我为同学设计了一张课堂表现自我评价表，对他们的课堂表现进行了量化，以他们发言的次数和举手的次数来评定他们的课堂表现，划分等级。每节课的最后两分钟进行自我

评定交流，表现优秀的学生就会在自我评定的过程获得成功的快乐，这种巨大的情绪力量，就会促进他们继续学习。而平时不乐于参与、不乐于表现的同学就会转变认识，重新回归课堂，主动参与学习探究。

苏霍姆林斯基：“请记住，成功的欢乐是一种巨大的情绪力量，它可以促进儿童好好学习的愿望。请你注意无论如何不要使这种内在的力量消失，缺少这种力量，教育上的任何巧妙措施都是无济于事的。”为了让每位学生都也能获得成功的欢乐，我不仅让学生评价自我还要评价他人。每节课每位同学推选一位进步较大的学生，让他们在他人的评价中看到自己的进步，获得满足感、成就感，感受到学习的快乐。解决了学生不想说，不愿做的尴尬，学生真正融入课堂，积极探索，提高了课堂效率。

二、丰富评价语言，激发学习兴趣

（一）评价语言要具有激励性

激励型评价能触动学生的心弦，唤起学生内心的激情，培养学生的自信心，从而激发学生的学习兴趣。因此，教师要善于观察课堂，敏锐地捕捉到其中的闪光点，并及时地给予肯定和表扬，使自信的学生更积极，缺乏自信的学生也变得活跃起来。这样可以激发他们学习的主动性、积极性，发掘他们的潜能，有效地促进他们主动、健康的发展。那么，如何使教学评价具有激励性呢？一句表扬的话语、一个温情的抚摸、一个惊喜的表情，一个肯定的微笑……这些无不充满激励性，可以激发学生的学习兴趣，促进学生的发展。例如，有位同学上课听讲认真，爱动脑筋，时常会有一些新颖的答题思路。有一次，当她用不同思路解答出一道难题时，我满脸兴奋，激动地对她说：“你真了不起，能积极开动脑筋，想出与众不同的方法，科学家也是这样的！”听了我的表扬，她兴奋的同时听课更认真，发言更积极了；还有一位同学，性格内向，平时不太爱发言。一天，当他回答上一道有一定难度的题目后，我竖起大拇指，兴奋地对他说：“这个问题你回答得太好了，真是个爱动脑筋的孩子，老师希望能经常听到你精彩的发言。”听了我的夸奖，他兴奋的小脸通红，小眼发光，体会到了成功的喜悦，从此，发言越来越积极了。在小学语文课堂上，教师应让学生在激励性评价下充分享受到成功的喜悦，培养他们的自信心。

在教学中，教师的评价如果能与教学内容有机地结合起来，那么语言的回旋余地就可超出简单的评语范畴，趋向更生动、更丰富的境地。而生动丰富的评价语言能最大程度地调动学生学习的主动性、积极性，活跃课堂的气氛。

在课堂教学中，我经常运用多样、灵活、生动、丰富的评价语，让学生如坐春风，课堂内总是生机勃勃。就拿读完课文后来讲，我总是这样来评价学生："读得真不错！""大家听了都在佩服你念得好！""这个句子你读得多好呀！请你再读一遍，大家仔细听听！""老师都被你读得感动了。""你念得比老师还要棒！""到目前为止，你是念得最出色的一个！""老师觉得，你长大肯定能当一个播音员！"……

（二）评价语言要具有导向性

新课程标准要求教师应该是学生学习的促进者，要实现这一角色的转换，首先应从语言上表现出来，教师应通过及时的导向性评价引导学生使用正确的学习方法，培养学生良好的学习习惯。在教学过程中，学生的学习犹如大海行舟，如果没有教师的引导，学生的学习将会迷失方向。因此，教师要善于观察课堂，利用有利时机对学生进行正确的指导，对学生的表现进行恰当的评价，恰当的评价对于回答正确的学生可以培养自信，对于回答错误的学生可以帮他们弄清题意，改正错误。教师还可以采用合理的评价来帮助学生建立适合于自己的学习方法，在帮助学生建立学习方法的同时，教师也要关注课堂评价对学生学习态度带来的影响，要指引学生端正学习态度，树立正确的学习观，养成良好的学习习惯。总之，教师课堂上的评价要具有导向性。例如，当学生回答上一道难度较大的题目时，教师可以说："你真是个爱动脑筋的学生"，这样的评价可以培养学生勤于动脑的习惯；当学生的作业书写工整时，可以说："你的作业写得漂亮极了"，这种评价可以引导学生养成认真书写的好习惯。课堂评价不能用一些没有导向性的含糊不清的评价语言，如"你真棒""很好""好极了"，棒在哪里？好在何处？这样的课堂评价空洞而抽象，没有指向性，也就失去了教育意义。

（三）评价语言要具有客观性

新课程要求关注学生的个体差异，这就要求教师对学生的评价要具有客观性。客观性的评价可以使不同的人在语文上得到不同的发展。

由于每一个学生所处的文化环境、家庭背景和自身思维方式的不同，决定了学生的语文学习活动是一个富有个性的过程。教师应把重点放在学生自身的纵向评价上，使学生体验到自身的变化、成长和进步，增强学好语文的信心。因此，教师应对不同层次的学生要做认真的了解和分析，不能用同一的评价尺度来衡量他们，这样可以使不同的人在语文上都有所发展。例如，班里有位学生作业一向马虎，一次他的作业书写有了进步，于是我表扬他说："你的作业进步很大，如果每天都能认真书写，相信作业一定会越写越漂亮。"听了我的表扬，他满脸兴奋之情。这里我没有因为他的作业写得不算漂亮而忽视了他的进步，而是纵向比较，对他给予激励性评价，激发了他的学习兴趣，也增强了他学好语文的信心。课堂评价不应拘泥于形式，而应因人而异，因时而异，因课而异，教师应全身心投入，创造性地对学生的学习活动进行评价，用我们的评价激活学生的思维，让每一个学生在评价中获得自尊和自信，获得一种成功的体验，从而对语文产生一种积极的情感和态度，形成良好的学习品质和习惯。

（四）评价巧妙运用体态语言

除了有声语言之外，教师还需要适当地运用体态语言。一个充满希望的眼神，一个赞许的点头，一个鼓励的微笑，拍一拍学生的肩膀，甚至充满善意的沉默，都不仅仅传达了一份关爱，还表达了一种尊重、信任和激励，这种润物细无声的评价方式更具亲和力，更能产生心与心的互动，其作用远远大于随意的口头表扬。当学生发表见解时，教师多微笑，多点头，极其专心地听，诸如此类的态势语可以明确地传达这样的信息；"我喜欢你！""请继续说下去！"行之有效的体态语言能体现出教师在评价时感情的投入，与学生极易产生心理上的共振。

在课堂中我还常采用鼓励式体态：对学生竖大拇指、微笑、点头、拍手等。点名让学生起立回答问题时更是将身体前倾，专注倾听。一个充满希望的眼神，一个赞许的点头，一个鼓励的微笑，拍一拍学生的肩膀，甚至充满善意的沉默，都不仅仅传达了一份关爱，还表达了一种尊重、信任和激励，这种润物细无声的评价方式更具亲和力，更能产生心与心的互动，其作用远远大于随意的口头表扬。当学生出色地完成学习任务时，我情不自禁地为他鼓掌；当听到学生精彩的发言，我快步上前握手祝贺；当学生没思考周全，还不知如何回答时，我送上期待、信任的眼神……诸如此类的体态语言能体现出教师在评价时感情的投入，与学生极易产生心理上的共振。

总之，鼓励式体态语对学生有极大的鼓励作用，能让他们产生成功感，提高自信心，以更大的热情和兴趣投身到语文学习中去。

三、评价要富有真情，调动学习积极性

现在不少评价浮光掠影，轻描淡写，有的鼓掌成了打拍子，有的表扬成了背口诀。教育家陶行知先生说："教育是心心相印的活动，唯独从心里发出来的，才能打动心的深处。"由此可见，无论什么样的评价必须要有真情。作为教师，我们更应该带着我们的一腔真情去唤起学生的真情，对于学生的精彩之处，通过老师的语言、面部表情、眼神等随时给予学生评价，传达教师对学生的爱。特级教师贾志敏老师在一堂公开课上面对一个读书声音细小的学生是这样评价的："你读得真好听！老师要感谢你爸爸妈妈给了你一副好嗓子。不过，你要是加上表情就更好了。不信，你试一试！"激励的话语如同甘露流进了孩子的心田，成为孩子积极向上的动力。细细品味，不难体会出名师胸怀的宽广及对孩子的拳拳爱心。"你读得真好听！"一下子让学生品尝到了成功的喜悦，体验到了被肯定的快乐，同时激起了学生积极向上的愿望。"你要是加上表情就更好了"，在缺点的表面巧妙加上"糖衣"，在不挫伤学生的自尊的同时，让他们听着顺耳，易于接受。"不信，你试一试"，更是激发起学生挑战自我的信心。所以，在平日的教学中，当我的学生写出工整又美观的一页作业，我除了给他一个"优"，再写上一句"老师真喜欢看你的字呀！"当一个平日胆怯的孩子能上台发言，我除了给他一个灿烂的笑脸还摸摸他的头，说："老师为你高兴！"

如果说一堂成功的课是一曲动人的交响乐的话，那么课堂评价则无疑是这首乐曲中的一个个震撼心灵的音符。在和谐课堂中，能起点睛之笔的莫过于教师的课堂评价。

小学语文课堂教学中融入德育的策略

德育是小学语文教学中很重要的一部分内容，教师在小学语文教学中对学生进行德育，可以促进学生正确价值观念的形成，更好地培养语文核心素养，同时促进学生以后更好地学习与生活。由于小学生的年龄还不大，他们只能单纯的考虑实际生活中的一些问题，而且理解事物的能力也不高，所以，很容易受到外界一些消极因素的影响。在项目式学习中，教师积极利用项目的内容，在项目开展中深入正能量的德育，进而提升学生的综合素养。

一、德育在小学语文教学中渗透的意义

德育在小学的语文教学中发挥着一定的作用并且有一定的意义。首先，能够更好地发挥德育的作用。小学语文课本不仅有重要的理论知识和生活中的实践经验，它还有一些关于国家和民族的伟大精神和历史人物，学生可以通过对这些伟大精神的学习来提高自己。将德育渗透到小学语文中，能够帮助学生简单地理解其中想要表达的内容。小学教师可以通过文中的寓言故事和有趣的文章结合在一起，不仅能吸引学生的眼球，还能够让他们在无形中学到了这些德育知识，所以能够很好地发挥其作用。再次，能够丰富德育内容。在现如今的小学语文教师的教学中，教师们越来越重视守信、有责任心等这方面的精神。并且小学语文教师可以通过小学语文教学中进行德育，为培养学生的这些精神打下了一定的基础。小学语文课本的内容比较丰富而且重要，在每一篇课文中都可以寻找到好的品质。

二、在小学语文课上组织朗读活动融入德育

有效的语文朗读可以提升学生的理解能力，在日常教学语文的时候，教师可以结合文章，如果学习的是一篇声情并茂的文章，那么这就是非常好的朗读素材。教师可以引导学生参与到语文朗读中，通过不断的朗读充分感受我国文化的音韵，并深刻体会文章中所蕴含的情感与思想。《雷锋叔叔，你在哪里》这篇文章具有非常重要的教育意义，雷锋的精神深入人心，在学习这篇课文的时候，教师完全可以要求学生朗读这篇课文，从而让学生学习雷锋无私的精神，在日常生活保持艰苦朴素乐于助人的精神。这些都是我国的传统美德，而学生可以一边朗读一边思考雷锋叔叔曾经做过的事迹，这样就能够使学生深刻认识到，虽然雷锋叔叔已经不在这个世上了，但是他的精神却永远活在我们心中，永远在我们身边，我们要向雷锋学习，传承雷锋乐于助人的精神。

三、利用课文插图开展德育

由于小学阶段学生受到年龄的限制，他们的思维方式主要以形象思维为主。所以，教材编写就紧紧抓住了学生这一特点，在课文中有非常多的插图，文中的这些插图都是根据其中内容精心设计的，里面也蕴含着非常丰富的德育素材。在日常教学的过程中，教师可以引导学生仔细观察教材中的这些插图，发散自身思维，从而渗透德育。比如《难忘的泼水节》这篇课文中就有一幅周总理参加泼水节的插图，在讲解完这篇文章的大意之后，就引导学生仔细观察文章插图中的人物表情以及神态，引导学生展开自己的丰富的想象力，想象一下当时周总理与傣族人民一起过泼水节时候的情景，感受当时傣族人民的幸福和快乐，充分体会周总理与傣族人民心连心的深厚情谊。

四、在小学语文课堂教学进行德育

在开展小学语文教学的时候必须要抓住时机，及时将德育渗透其中。比如，在《小柳树和小枣树》课文教学时，我先引导学生美读，然后再以角色扮演的方式读，在反复的阅读之后，小柳树和小枣树的

性格特点跃然而出。当我问学生，如果你们是文中的小柳树，那么当你们见到又红又大的枣子之后，你们会说些什么呢？这个时候学生的话匣子一下都打开了，纷纷说着自己想要说的话，这个时候再出示文中小枣树的话题，前后一对比，小枣树的性格就深深烙印在了学生的心中，学生在这样的学习过程中对小枣树充满了喜爱，在对这篇文章不断的阅读中领悟了尺有所短、寸有所长的道理。

五、调动家长的力量开展德育

在小学教学中，教师还要善于与学生家长沟通与合作。只有家校有效的合作才能对学生更好地进行德育。学生是德育的主体，教师是德育的启发者和引导者，而家长就是德育的帮助者和支持者。只有家校携手努力，才能够提升学生的思想水平。新时代下的社会是多元化的社会，学生接受教育已经不能只局限于校园中。社会上的各种人和事以及网络上的各种信息都会对学生产生很大的影响，这些信息都是无法控制的。我们在进行德育教学的过程中，要积极引导学生区分这些信息的对与错，帮助学生树立正确的世界观和人生观。所以，教师在语文教学中开展德育之外，还要加强与家长之间的沟通和联系，教师可以利用家委会或者是家长会等平台鼓励家长参与进学生的活动之中，使家长与学校的思想形成统一战线，促进德育的开展。

六、通过教材细节实现乡情亲情教育

课本教材里有很多关于乡情和亲情的故事，乡情和亲情对于人们的感情来说是很重要的两种情感。对于小学生而言，一定要从小培养他们的亲情和乡情意识，以后会受益良多。课本教材往往通过细节来体现乡情和亲情，这就需要教师进行一定的引领，引领学生了解这些精神内容。比如，小学语文课文讲小蝌蚪，虽然这篇课文重点讲的不是亲情而是蝌蚪成长的过程，但是可以从细节中体会亲情的伟大。

七、挖掘教材中爱国情感教育内容

我国民族精神是非常的丰富，其中爱国主义精神是每一个人都必不可少的精神特点。小学经常会学习李白的诗篇，李白的很多诗都体现了他的爱国主义情怀。教师要不断地对课本教材内容进行挖掘，找寻一些关于爱国的课文素材，让他们对自己所在的国家有所了解，让他们好好地学习尽自己的一份力量为祖国做贡献。而且小学语文课本上所体现的爱国情感都是非常的纯粹，让人们感觉很热血，让小学生学习是非常有作用，可以纠正他们的思想观念，正视自己的爱国目标。

总之，在小学语文课堂教学中融入德育的策略与方式非常多。所以，小学语文教师在日常教学的时候一定要善于积累经验和总结教训，在实际教学中不但要传授学生语文基础知识，同时还要重视渗透德育思想内容，促使学生在语文学习中可以形成良好的学习习惯。同时利用德育约束学生的行为，让学生的价值观在语文课堂教学中得到完善，成为符合社会所需的高素质人才。

基于单元整体建构的读写结合策略

单元整体教学主要是指教师以教材单元为前提，对教学内容实施相应的优化工作，以语文要素和人文主题作为参考重点，促使单元不再是一个整体，即成为各个模块。在开展教学的过程中，每个模块均具有针对性的目标，使教学过程的动态性更强，并侧重于教学主题的优化工作，从而为学生语文素养的提升指明新的方向。此外，单元整体教学以学科素养为重中之重，将知识点转化到更新颖的领域中，促使学生在学习知识的过程中更加简单，体现出统筹安排的特点，同时也实现了灵活调控的目的。因此，本文以统编版小学语文三年级上册为例，围绕基于单元整体建构的读写结合策略展开研究，以期为该领域提供一定参考。

一、梳理单元导语

对于课堂教学，教师应以单元导语为主要切入点，对语文要素的特点产生明确认知，分析其与读写之间的关系，由此才能避免读写呈现相分离的状态。

例如，在部编版小学语文三年级上册第七单元的教学中，其人文主题为“我与自然”，语文要素为“感受课文生动的语言，积累自己喜欢的语句，留心观察，把自己的想法记录下来”，所以教师的单元导语应体现出相关的词句，并侧重于注重引导学生了解祖国的壮美山河，激发热爱祖国壮美山河的思想感情。高度重视语文要素，当学生阅读课文时，教师可以提问：“同学们，课文中你认为写得好的句子有哪些呢？与同学交流阅读体会。”并让学生借助关键语句理解一段话的意思，从而使学生思考文章的重要句子。并且，当学生习作时，教师应侧重语言表达的引导，为学生阐明读写结合的技巧、注意事项等，避免学生对语文要素的认识过于模糊，使学生的语言表达结构呈现更加理想的状态。

二、聚焦精读课文

为了使学生的读写水平迈上新台阶，教师应提高对精读课文的重视度，将此项工作提上日程。

例如，在《美丽的小兴安岭》的教学过程中，教师可以进行提问："同学们，既然小兴安岭的景色如此优美，如果你有机会到这旅游的情况下，会选择在春夏秋冬哪些季节呢？"当同学们纷纷回答春天、夏天、秋天、冬天时，大家都有自己的想法，教师可以让学生结合课文说出自己选择这个季节去的原因。为学生布置课后与小组成员分享阅读《美丽的小兴安岭》的心得体会的任务，彰显出相应语文要素，从而使学生对文本内容的内涵、特点等产生明确认知。同时，当《美丽的小兴安岭》教学结束之后，教师可以引导学生通过《美丽的小兴安岭》一文来写一段赞美自己家乡的话，写话训练不可偏离文本内容，在教学的过程中，应以精读课文为核心内容，使学生越来越熟悉品读、仿写的技巧，确保学生的语言表达能力越来越强。

三、关注略读课文

出于对单元整体建构特殊性的考虑，教师应明确学习目标，使其与精读课文产生紧密联系，并注重方法的制定，引导学生更加关注略读课文，以增强学生读写能力。

例如在三年级上册第八单元的教学中，精读课文共计三篇，其一为《司马光》，其二为《掌声》，其三为《灰雀》；略读课文是《手术台就是阵地》。在《司马光》的教学阶段里，本篇文章为学生布置了一个小任务，即使用自己的话并结合注释来描述一下《司马光》所讲的故事，而《掌声》一文同样布置了任务，但与《司马光》存在明显差异性，主要是使学生以英子的视角来讲故事，这些问题虽然各不相同，但却都指向了语文要素。而从《手术台就是阵地》的角度分析，其导读提示具有关键性意义，拉近了学生与语文要素之间的距离。在本篇文章的学习中，学生应先将阅读提示作为主要参考，对整篇课文的大致内容有一定了解，随后结合自身的观点，添加一些主人公情感色彩的内容，或者让学生站在不同的立场上感受课文表达的中心思想，由此能够推动学生对文本语言的建构。

四、借助交流平台

“交流平台”板块对小学语文教学的作用日益显著，除了与语文要素息息相关之外，还明确了相应的学习方法。对于课堂教学而言，教师应以交流平台为主要载体，引导学生认识到习作的趣味性及无限魅力，并对此方面实施合理的归纳工作，避免学生的读写能力呈现原地踏步的状态。

部编版小学语文三年级上册第五单元的语文要素较为特殊，彰显出以读促写、读写结合的基本原则。所以，在本单元教学的整个阶段里，教师应引导学生在理解课文内涵的过程中融入关键语句，促使这种阅读方法与课文实现完美融合，针对文中的典型段落进行全方位分析，找出合理的表达方法，在今后自己写作的过程中同样可以应用这种表达方法。梳理交流平台后了解到，它想为学生传达的意思并不是生活中缺少美，而是想要使学生们了解到生活中缺少发现美的眼睛；并且，也告诉学生在学习、观察的过程中应一丝不苟、全身心地完成。可见，“交流平台”中的“读写例话”的作用是不可忽视的，可以为学生读写能力的增强提供有力保障。

五、依托口语交际

倘若想有效提升学生的语文学习能力，那么远远离不开听说读写，三年级上册是学生刚开始接触写作的时期，此时学生对写作较为陌生，更不了解如何完成一篇优秀的写作，为了避免学生被此问题困扰，教师应将课后习题作为主要手段，并采取口语交际的方式，引导学生积极参与到读说结合的过程中，从源头上增强其写作水准。

例如，在《富饶的西沙群岛》的教学中，其课后习题要求学生使用自己的语言为大家介绍你最喜欢西沙群岛的哪部分。对于此练习而言，无论学生将海水作为自己的介绍内容，还是将海岛作为自己的介绍内容，均离不开“分总”或者“总分”这两种形式，这样可以避免学生对关键句的认识较为模糊，确保学生对其与段落之间的关联性有所了解。

六、落实习作教学

站在课堂教学的立场上分析，教师应高度重视教材的合理性及新颖性，并对此方面进行仔细研读，明确每次习作的中心，设计与实际情况相一致的读写目标，从而使学生的习作水准呈现不断提升的趋势。

在部编版小学语文三年级上册六单元中，其语文要素是“以关键语句为出发点，针对一段话的意思提出自身的看法，在习作的过程中同样依据一个意思完成”。本单元的习作应围绕美丽的景色来完成，使学生与同学分享自己见过哪些美景，自己最向往的景色是什么。在开展习作之前，教师应让学生到郊外、公园、广场等地观察周围的景色，分析各个地方景色的特点，并说明哪个景色最吸引自己，在进行写作的过程中可以应用本单元的语句，整篇文章围绕一条主线来完成。当学生完成习作之后，教师鼓励学生与其他同学分享自己的作品，大家积极讨论习作感受，学习他人的长处，共同探讨写作过程中遇到的困难，分析下次如何解决，这样能够促使语文要素真正彰显出自身价值，对学生习作水平的提升具有积极意义。

综上所述，在今后开展教育工作的过程中，教师应将读写结合纳入重要环节，摒弃以往较为薄弱的读写意识，以单元导语为基础，将语文要素贯穿于教学的各个环节，无论是精读课文，还是略读课文，均应引导学生深刻理解文章内涵，以多个视角来感受主人公的情感变化，明确文章中的好词好句，将其应用在自身日后的习作中，确保学生的读写水平迈上崭新的台阶。

项目式学习视野下
小学语文与综合实践活动有效整合

《语文课程标准》指出："语文是实践性很强的课程，应着重培养学生的语文实践能力，而培养这种能力的主要途径是语文实践。"课标强调，在语文教学中教师要注重利用多种综合实践活动来拓展课程教学内容，以此来提高学生的语言运用能力，较好地培养学生的语文核心素养。统编小学语文教材着力加强语言文字的运用，不论是练习活动的设计，还是语文园地的内容安排，都引导学生联系生活，在生活情境中运用语文，凸显语文课程实践性的特点。这样，通过有效整合综合实践活动与语文教学，让综合实践与语文教学相得益彰，从而更好地提高语文学科的育人作用，提高学生的综合素质。那么，如何进行小学语文与综合实践活动的有效整合呢？笔者结合教学实践，对综合实践活动与语文教学整合的策略进行了探索。

一、巧选活动主题进行有效整合

一般而言，综合实践活动都会有一个明确的主题，提高综合实践活动对小学语文教学的促进作用，需要教师把统编教材单元主题或课文内容与综合实践活动的主题进行有效整合。教师在制定实践活动主题时，以教材单元主题或课文内容为依据，在全面综合考虑学生能力的基础上来制定恰当的实践活动主题，围绕该主题来开展课堂语文教学活动。为此在设计综合实践活动主题时要能体现以下特点。

（一）以体现"语文味"为切入点

由于综合实践活动的主题选择具有非常大的范围，可以选择社会方面的主题、自然方面的主题、德育方面的主题等。为了更好地把综合实践活动与小学语文教学有机结合，促进语文教学，就需要在选择综合实践活动的主题时，要有效地体现出“语文味”的特点，并以此为切入点进行主题的筛选。例如，在学习了统编版三年级上册《富饶的西沙群岛》《美丽的小兴安岭》等介绍祖国自然风光的课文后，结合单元教学主题，设计以“祖国壮美山河”为主题的演讲活动，让学生结合自己旅游经历谈感想，这样的主题既能提高学生的语言表达与写作能力，又具有较浓的“语文味”。

（二）以培养综合能力为着陆点

综合实践活动的主题选择和设计，要能更多地体现出语文学习中的“听、说、读、写”四个方面能力与素养的训练。例如，在进行古典诗歌类的综合学习时，可以“轻叩诗歌的大门”为主题，把语文教学与学生的综合实践相结合，可让学生通过互联网搜集某一主题的诗歌、民歌和相关故事，对诗歌进行分类，举行诗歌朗诵会，对诗歌进行审美欣赏等活动，就能培养学生的综合能力。

（三）以单元教学内容为整合点

统编版小学语文教材，每个单元都有一个明确的主题，可结合单元教学来设计恰当的主题，把综合实践活动与教材中的单元内容或单元主题进行整合，来开展综合实践活动，这样该综合实践活动既能作为本单元的教学拓展延伸，又能丰富学生语文学习内涵，让学生感受到语文学习的魅力所在。例如，在学习五年级上册的第六单元的《慈母情深》《父爱之舟》这几课后，可结合单元教学内容，开展“感恩父母”为主题的综合实践活动，既能拓展单元教学内容，又能对学生进行德育，起到较好的育人作用。

二、打破课堂界限进行有效整合

要提高综合实践活动与语文教学的整合成效，需要教师打破课堂界限，掌握两者有效整合的多种途径，通过多种途径的整合促进小学语文教学。

（一）通过学生生活进行整合

由于小学阶段的综合实践活动，主要以学生的生活为背景开展，让学生结合自身生活中的兴趣爱好、经历和亲身体会，运用小课题研究的形式、比赛形式、专题演示或介绍等多种形式进行综合实践活动，就能有效地通过学生的生活将综合实践活动与语文学习有机整合，就能极大地激发学生的语文学习兴趣与实践活动参与动力。例如，可让爱好美食的同学，以“我是小厨师”为主题来为学生介绍某种食物及其制作过程；让爱好集邮的同学，为大家介绍集邮知识等。通过学生亲身参与的这些日常生活事例，既能锻炼学生的语言表达运用能力，还能为学生的作文写作积累素材。

（二）通过社会实践进行整合

让学生在参与社会实践活动的过程中，把语文学习与之密切结合，就能有效拓展语文教学的范围，让学生感到语文学习的价值所在，同时还能丰富学生的社会经验，有利于学生社会化能力的培养。例如，在学习了统编版教材三年级上册的《我爱故乡的杨梅》后，教师可利用休息日带领学生参观调查家乡的苹果园、葡萄园、绿色蔬菜种植基地等，并制定探究小课题“家乡绿色农业发展之我见”，引导学生思考，发表自己的见解，能丰富学生的社会经验，并感受到家乡的变化。

（三）通过多元融合进行有效整合

由于在小学各学科教学中，其他学科都与语文学科有着重要的联系，通过在其他学科教学把语文教学、综合实践活动进行全面整合，既能够对语文教学起到促进作用，又能较好地发展学生的综合素养。例如，在学习了统编版教材三年级上册的第17课的《古诗三首》后，可与美术教学相整合，让学生运用画笔和想象力，来描绘诗中所描述的美景，这样的综合实践活动，能够加深对古诗内容的理解，还能提高学生绘画技能，培养学生的审美观念，起到多种教育教学效果。

三、活用新颖方式进行有效整合

在综合实践活动与小学语文教学整合中，可充分利用多种方法来提高两者整合的效果，这样既能使综合实践活动内容更加丰富多彩，又能提高语文教学的效果，起到较好的实践育人作用。

（一）运用新兴教育方式进行整合

近年来随着教育方式改革创新力度的加大，出现了许多新颖的教育方式、教育内容，通过语文教学与这些新颖教育方式和教育内容的充分相结合，来开展综合实践活动，就能使语文综合实践活动得到创新与发展。例如，可通过“创客教育”与语文教学进行整合来开展综合实践活动，可通过“STEAM教育”与语文教学结合来开展实践活动，可通过信息技术与语文教学整合等来开展综合实践，这些整合将对综合实践活动与语文教学起到创新引领作用。

（二）运用信息网络进行整合

信息网络的普及及其在教育教学中的广泛运用，以及小学生信息素养的不断提升，使学生利用信息技术的能力得到极大增强。为了提高实践活动与语文学科教学的整合教学效果，教师可让学生在综合实践的开展过程中，充分利用互联网进行信息搜集、资料搜索，以更好地为实践活动提供丰富的资源，从而有效提升综合实践活动的效果。例如，在学习了统编版教材三年级上册第二单元中的关于几篇描写秋景的课文后，可以“感悟秋天的美与实”为主题进行习作实践活动，学生通过深入大自然观察，或利用互联网搜索关于秋天美景与收获的资源，就能使写作活动更有效。

（三）运用团队合作进行整合

由于综合实践活动涉及的内容多、组织实施需要的时间长、实践中遇到的问题多，如果只依靠一两个学生的力量难以取得良好效果，为此教师在语文教学中组织综合实践活动时，要注重发挥集体的力量，对于大型综合实践活动可组织全班的力量实施，对于一般的综合实践活动可以小组合作形式开展实践活动。这样利用团队合作学习形式开展综合实践活动，既能高效实施活动，又能让每个学生得到实践锻炼，还能起到集思广益的作用，使语文综合实践活动能够做到更加完美。

四、设计多彩作业进行有效整合

要把语文教学和综合实践活动有效整合起来，设计多彩作业是毋庸置疑的有效途径。设计丰富多彩的实践活动性的作业，进行有效课外拓展，让语文课堂教学得以延伸，帮助学生将学到的知识融会贯通、举一反三，让学生兴趣盎然，在综合实践作业中发展个性，提高学习能力和知识水平。例如在教学统编版教材四年级上册《爬山虎的脚》《蟋蟀的住宅》时，布置学生观察作业：选一种小动物进行观察，写一篇观察日记。这样，学生通过对小动物的仔细观察，运用课文中学习到的列数字、打比方、举例子等说明方法，写出一篇篇充满童趣的作文。实践活动课堂上，再让同学们扮演“小小解说家”，让他们演说自己观察日记。每位同学都跃跃欲试，同学们不但绘声绘色演说自己观察对象的变化和观察的过程，还声情并茂说了自己的想法和心情。有些同学还制作了PPT来演示，并附上生动图片。学生参与了这样有效的语文实践性作业，发展了创新能力、语言表达能力和社会实践能力，有利于学生综合素质的提高。

总之，将综合实验活动与小学语文课堂教学活动相互整合，能有效拓展小学语文教学的视野，丰富小学生的语文学习内容，对发展小学生的语文素养具有重要的意义，因此教师应充分认识两者整合教学的重要性，依据教材内容选择恰当的实践主题，通过多种途径进行整合，运用多种方法来提高综合实践活动的有效性，就能更好地发挥综合实践活动与语文学科的育人作用。

项目式学习视野下小学语文与劳动教育的融合

新课程方案提出：加强课程与生产劳动、社会实践的结合，充分发挥实践的独特育人功能；探索大单元教学，积极开展主题化、项目式学习等综合性教学活动。劳动教育在素质教育愈发被重视的今天已经处在十分重要的位置，可实践中劳动教育仍然是小学教育中一个十分薄弱的环节，怎样使各学科的知识教学同劳动教育之间能够有效融合，培养小学生个人的动手意识和动手能力显得非常重要。语文老师将在培养小学生语文学科知识能力的同时，也应当以大语文观作为指导，在日常教学中融入有关劳动教育的内容，以项目的任务为驱动，为语文学科的知识教学带来无限的精彩。

一、转变教师教育观念，强化劳动教育理念

在小学阶段语文学科的教学中融入劳动教育，有利于培养小学生的劳动技能，树立正确的劳动观，使其拥有创造美好生活和自我进步的能力。劳动教育也有利于培养小学生的创造力和劳动兴趣，磨练其意志品质，推动其健全人格和身心健康的发展与完善，全面提升小学生个人的劳动精神、品质与能力，让小学生在劳动中进行学习，在学习中融入劳动教育，可以使家长、学校和学生共同参与到日常的劳动教育中，使劳动教育的导向作用得到进一步的发挥，减少劳动教育中的不良现象和薄弱环节。

语文教师应当正确认识语文知识教学对劳动教育的积极作用，将个人在劳动教育活动中的定位和角色把握好，培养出可以参与社会劳动的人才。若培养出的学生缺乏必备的劳动能力，不能参加到社会建设中来，也是教育的一种失败，所以教师应当将劳动教育当成素质教育的重要工作来抓。

二、挖掘语文教材内容，丰富劳动教育内涵

小学语文学科的课程中有很多可以开发、挖掘和有效利用的资源，能够利用并准确掌握语文教材中有关劳动教育的内容，这也是进行劳动教育的基础与前提，其主要通过下面两种方式来实现。

首先，应当利用好小学语文教材中一些比较明显的有关劳动教育的资源。现阶段使用的小学语文教材所包含的文章，都是经过精挑细选的，文质兼美，并且蕴含的思想和情感内涵也十分丰富。其中就涉及了大量关于劳动教育思想以及劳动技能的相关知识。因此作为小学语文教师，想要实现在语文课堂上有关劳动教育的充分渗透，就应当充分把握语文学科本身的人文性和工具性，特别针对教材中所蕴含的劳动教育内容进行挖掘，并在实际课堂上进行适当的使用和呈现，最终达到劳动教育和语文教学的和谐统一，这样才能够顺利实现劳动教育思想的熏陶，顺利落实劳动教育相关任务。例如《慈母情深》这篇课文的教学，虽然文章的主体是对伟大的母爱进行歌颂，但其中也涉及较多关于辛勤劳动者的赞颂之情，如“极其瘦弱的脊背弯着……”“立刻又陷入了忙碌……”将一个外表看似瘦弱而内心坚强、辛勤劳动的母亲形象生动地展现了出来。因此在该文章教学阶段，就可以抓住这些有关劳动的字眼或者是词句，完成劳动情感内涵的挖掘，让学生接受劳动教育思想的熏陶，正视劳动的价值。有关教材内容的深入挖掘，就可实现语文课堂和劳动教育的深度融合，在完成语文知识传授的同时渗透劳动教育，效果显著。

其次，应当对教材中有关“隐性”劳动教育的内容进行合理利用，以此来强化小学生个人的劳动意识，让他们真正认识到劳动所蕴含的重要价值。运用自主探究阅读活动的方式，来促进学生对于文章内涵的深刻理解，行之有效，同时也是将劳动教育渗透入小学语文课堂的常用手段，依托于探究性阅读教学活动促使学生主动对文章中的劳动资源进行捕捉，借助深入阅读和细心品味，了解劳动的价值以及意义，通过和文章进行情感共鸣的方式，保证学生对于劳动价值理念的接受和认可。

在教学《北京的春节》这篇课文时，整篇文章的用词十分朴素自然，并且表达流畅，主要围绕老北京过年期间的风俗习惯进行描写，

呈现了一幅年味十足的过年景象，其中包含大量关于老北京春节习俗内容的描写，例如过年前的准备，包括打扫卫生买年货等。而这些风俗习惯都和劳动有着密切的联系，由此可见劳动在人们的日常生活中，属于不可或缺的组成部分，此时就应当带动学生通过自主探究的方式去了解文章中所提到的关于劳动的内容，并思考在日常生活中劳动的具体价值，实现劳动教育和阅读探究的深度融合，帮助学生建立对于劳动价值观念的深刻认知，同时也顺利地掌握了该部分知识内容，可谓一举多得。

三、加强劳动写作教学，拓展劳动教育途径

在语文教学中，作文有着举足轻重的意义。对于小学生而言，习作是学习中的一个难点。很多小学生之所以觉得习作困难，主要是因为缺乏习作素材，常常在习作的时候无从下手。为此，教师需要在日常生活中帮助学生多积累素材，让学生能够在习作的时候有更多的素材，从而提升习作的效果和质量。而通过日常的劳动教育和劳动实践，能够让学生的校园生活更加丰富，从而帮助学生获得更多习作素材。

例如教师可以借助课后作业设计环节完成劳动教育的渗透，要求学生以写日记的方式对自己参加劳动的情景进行记录，也可以是日常生活中帮助父母做家务时的场景，这种学生亲身参与的劳动过程所收获的体验更加丰富，在具体的写作时也能够融入真情实感，所创作出的文章具有可读性。并且也寻找了更多的契机来锻炼学生的劳动技能，帮助学生培养劳动品质，由此可见借助课内外教学和劳动教育内容相结合的方式，可有效拓展劳动教育的覆盖范围，保证劳动教育质量。

四、落实语文实践活动，深化劳动教育训练

在开展小学语文学科实践活动的过程中，可以让劳动模范为其他同学讲述自己进行劳动的历程，并让同学分享自己在劳动中的所得以及感悟经历等。例如，假期来到社区参加一些公益活动。如帮助社区清洁公共场所，来到公园捡拾垃圾等。教师应引导学生在结束活动以后记录下劳动场面，并在语文课堂上用生动的语言来描述劳动场面和过程，并形成文章。以上教学方法能够让小学生更加清楚地感受到劳动带来的乐趣，逐步培养小学生对劳动的热爱。劳动不仅会为小学生带

来技能上的提升，这种劳动体验也会丰富小学生用于写作的素材，让他们的作文不再是无源之水。有了灌溉学生习作田地的活水，长此以往，这片土地定能够绽放美丽的花朵，拥有硕果累累的收获。

综上所述，小学语文教师应当重视学生在劳动中的发展与成长，将语文知识教学同劳动教育有机结合，以劳动体验的方式来提升学生学习语文知识的效率，达到两者相互促进的效果，最终实现促进小学生多方面发展的教学目标。

革命文化类课文教学与项目式学习的融合

一、革命文化类课文概说

《义务教育语文课程标准（2022年版）》多次提到“革命文化”，从课程目标、课程内容、学业质量、课程实施等方面阐释了落实革命文化传统教育的重要性。其中总目标中提出：“热爱国家通用语言文字，感受语言文字及作品的独特价值，认识中华文化的丰厚博大，汲取智慧，弘扬社会主义先进文化、革命文化、中华优秀传统文化，建立文化自信。”统编教材共编排了34篇革命文化类课文，这些内容占整套教材选文篇目的10.67%，主要分为三大类：第一类，保留了人教版原有教材中经典的革命传统教育题材，此类课文主要直接描写了革命年代经典的人或事；第二类，是新选编的革命传统教育题材类课文；第三类，是与革命传统教育题材相关的文学作品。统编版小学语文革命传统教育题材类课文的教学需要关注教材的编排意图，尊重文本的基本价值取向，把它作为社会主流价值传播的重要载体。作为中华传统文化基因的寻找和对接，此类文本的教学要兼顾作品的思想性和文学性，以“语文”的方式呈现“革命内容”，让学生在学科素养提升、审美艺术鉴赏水平提高以及思维力培养的同时，铭记一段不容忘却的历史，重回初心，知晓来路，找到自信。

依循学段特征和学生学习认知规律，统编教材在编排革命传统类课文时进行了整体规划，有序推进。一到四年级课文的编排以穿插为主，根据语文要素选编适切的课文，并将选文分散到不同的单元。其中，一至三年级主要是将单篇课文编排在不同单元，四年级后同一单元内选编的此类课文数量逐步增加，旨在引导学生初步感受伟大革命人物的美好品质。到了五、六年级，教材编排了以革命文化为主题的单元，提高了学习的频率。这样集中编排，为学生大体勾勒出国家“屈辱—斗争—建设”的发展历程，建构起浸润式的理解和传承革命文化的学习场景，激发学生的爱国情怀。

统编教材为了更好地落实语文要素，在每个单元都编排了与教学内容相对应的助学系统，隐含着立德树人的教学价值。这一编排特点，也体现在革命传统类课文及单元的安排上。如篇章页上的单元导语，精读课文中的“泡泡”提示和课后练习题，略读课文中的学习提示等，都编写了革命传统内容与学习任务；语文园地的日积月累板块安排了与此内容相关的诗词、成语、名言警句等；快乐读书吧向学生推荐了红色经典阅读书目；在相关选文的插图、注释上也都有所体现；革命传统类课文后面以阅读链接的形式进行了有效补充，拓展了更为广阔的学习视野，为学生理解革命传统提供了学习支撑。这样立体多维度的编排形式能够引导学生跟进学习，让学生在积累语言的同时受到革命文化的熏陶。

二、革命文化类课文教学与项目式学习融合的策略

不同学段的革命文化题材类课文，其编排内容、呈现方式均有所不同。教师需要厘清基本内容，明晰呈现梯度，充分把握不同学段的教学要求，充分发挥课文的教学价值，如此才能教得适切、有效。革命文化题材类课文大都具有很强的思想教育性。教学这类课文时，很多教师会忽视对语言文字的理解与运用，同时把“情感态度与价值观”目标定得太高，脱离实际，超出学生的接受能力，使思想情感的浸润和熏陶变成生硬、空洞的说教，导致学生不愿意学这类课文。对此，教师应想方设法激发学生的学习兴趣，坚持语言思维与文化审美的一致性，综合运用各种资源，把理解、运用语言文字与感受人物形象融为一体，践行“文道统一”。

《义务教育语文课程标准（2022年版）》指出：“义务教育语文课程结构遵循学生身心发展规律和核心素养形成的内在逻辑，以生活为基础，以语文实践活动为主线，以学习主题为引领，以学习任务为载体，整合学习内容、情境、方法和资源等要素，设计语文学习任务群。”革命文化题材课文叙述的内容与当今儿童的生活体验存在较大的

距离，这种差距常常使学生对革命志士那种为了人民甘愿抛头颅洒热血的大无畏的革命英雄主义难以理解。因此，我在教学革命文化题材类的课文时，融入项目式学习的理念，以项目驱动问题为引领，以项目任务整合学习内容，以项目活动重构教学活动，破解教学实施中遇到的问题。本文结合四年级下册《黄继光》一课的教学，初步探讨在项目式学习的理念下进行革命文化类课文的教学。

（一）以项目为抓手，明确任务，准确定位教学目标

统编教材中的革命文化类内容具有极强的人文性，它们同样承担着落实语文要素的重任。在教学革命文化类内容时，如何实现人文主题与语文要素的统一呢？一是要将人文性自然地融入教学的各个环节，悄无声息，水到渠成；二是语文课上的革命文化教育要突出语文学科的特质，将思想情感的熏陶与语言运用融合起来。备课时，教师首先要坚持人文主题和语文要素双线并轨，准确定位单元目标和每一课的教学目标，将思想情感的传递与语文能力的提升落到实处。在梳理并确定了准确的双线目标之后，设计项目式学习驱动问题，激发学生的学习内驱力，以此展开教学。例如教学四年级下册《黄继光》，本单元的人文主题是“伟大的品格”，语文要素是“从人物的语言、动作等描写中感受人物的品质”。根据此确定本课教学目标，“通过品读文中描写语言、动作的语句，体会黄继光顽强战斗、不怕牺牲的精神和大无畏的英雄气概”。围绕教学目标，结合学生实际，我们设置项目式学习的驱动问题“如何用特别的方式来缅怀黄继光英雄，表达敬仰之情？”

（二）以项目为指引，依托资料，激活认知英雄情感

革命文化类文章叙述的内容距离学生较为久远，学生理解起来有一定的困难，查找资料、运用资料，能帮助学生更好地理解课文，体会思想感情。教学时教师要依照循序渐进的梯度进行，引导学生在有层次地借助资料阅读、学习的过程中，了解故事背景，感知人物形象。教师依据这样的目标梯度，融入项目式课外探寻板块，明确从“查找资料初步了解”到“结合资料深入体悟”再到“筛选资料综合运用”这一学习路径，引导学生循序渐进地学习借助查找、运用资料这一方法理解课文并体会课文表达的思想感情，进一步促使其获得革命精神的熏陶和革命思想的启迪。如教学《黄继光》一课时，学生在接到任务后，课前便进行查阅书籍，观看近期热门的《长津湖》视频，上网

搜集黄继光的相关资料，对资料进行分类后再合并同类资料，画有关黄继光生平事迹的思维导图。

（三）以项目为内核，聚焦文本，挖掘内心情感体验

项目式学习以课堂为主阵地，注重学生实际获得，注重课堂中学生通过学习文本习得能力。结合革命文化类教材的特点，教师只有引领学生细读品味课文，激发学生内心体验，才能使学生心灵震撼。

如《黄继光》一文，以学生为主体，引导学生抓住人物语言、动作等重点语句，结合图片、借助视频等资源，联系上下文、生活实际进行体会，通过交流分享，围绕读、思、悟等方面，使学生理解英雄人物的伟大品质，体会人物的描写方法。我们设计了“自读课文，初识英雄”—“聚焦语言，体会‘坚定’”—“聚焦动作，体会‘顽强’”—“呼喊‘英雄’，回归主题”的教学环节。第一环节让学生自由朗读课文，初步了解课文内容：黄继光做了一件什么事？通过问题引导学生自读，感知课文内容，初步感受人物的品质，让学生在自读时，能有所思、有所感，为后面进一步理解课文、品悟人格做铺垫。第二环节引导学生抓住人物语言、神态“坚定”“愤怒”感受人物内心活动。黄继光为什么要主动请求摧毁火力点的任务？进一步引导学生感受黄继光当时请求任务的决心与信心，体会英雄形象。第三环节指导学生品读黄继光动作的语句，结合黄继光英勇献身的视频，感悟“英雄”视死如归的形象。第四环节在深入理解课文过程中，从描写人物的动作、语言的关键句段的描写中，引导学生有感情地读，在读中悟，在悟中思，在思中体会英雄英勇无畏的品质。

文章抓住人物的细节描写充分展现了人物品质。在组织教学时，如果能引导学生抓住重点句段反复品读，就能收到很好的教学效果。

（四）以项目为基础，活用“链接”，助推文化价值认同

在项目式学习的板块设计中，充分利用统编教材中的相关助学资源，以致助推学生对革命文化价值的认同。统编教材为了更好地落实语文要素，在每个单元都编排了与教学内容相对应的助学系统。革命文化类课文及单元的安排也不例外。如单元导语，精读课文中的“泡泡”提示和课后练习题，略读课文中的学习提示、阅读链接的有效补充，语文园地的“日积月累”板块安排了与此内容相关的诗词、成语、名言警句等，都包含了革命文化内容与学习任务。这些与课文主题相联系的“链接”，能够引导学生跟进学习，拉近学生与课文的距离，便于学生了解课文中的人物，感受人物的革命精神，接受革命文化的感染和熏陶，为学生理解革命文化提供了学习支撑。例如在学习完《黄继光》时，结合课后阅读链接《祖国，我终于回来了》进行阅读迁移，巩固学法，助推文化价值认同。先让学生默读课文，找出最能表现钱学森爱国精神的语句，把阅读感受批注在句子旁；再进行全班交流分享，抓住“放弃美国的一切”“被捕”“受到无休止的折磨”等关键词以引导学生在朗读中感受钱学森强烈的要报效祖国的精神。从中让学生认识到“为取得战役胜利用胸膛堵敌人枪口的黄继光，在和平年代放弃美国优异条件的钱学森，他们用自己的方式诠释了对祖国对人民的爱！正因为有了无数像黄继光、钱学森这样伟大的英雄，我们祖国才会变得日益强大，我们将来也要成为一个对祖国对人民有用的人。”

（五）以项目为驱动，展示成果，传承革命文化精神

“所谓项目式学习，是一种以学生为主体，链接真实世界的事件，在一段时间内，团队共同解决一个复杂问题或完成一项综合性任务，学生经历全过程，通过亲身体验、深刻理解来获得核心素养发展的一种学习方式。”在项目式学习最终，同学们根据分工合作，通过新闻搜索、查阅图表、信息检索等途径收集资料，课内与课外相结合，把活动过程的资料整合制作视频、课本剧、手抄报、绘本、图表等项目式学习成果。其中有一个小组学生将项目中的图、文、视频等素材整合，通过扫一扫二维码的方式向班级、学校、社区宣传黄继光的崇高精神和高尚品格，最终解决项目开始时的驱动问题“如何用特别的方式来缅怀黄继光英雄，表达敬仰之情”。

通过成果展示，从历史链接现实，从现今回望过去，学生们的心中勾勒出的那个舍生取义的英雄形象更加深刻，学生渐渐走近英雄，引发学生的共鸣，激发学生主动探究的兴趣，引导学生在实践中感受革命文化，激发传承革命文化的热情。总之，充分领会革命文化题材类课文的教学价值，才能真正落实语文课程的价值；直面此类课文的教学困境，才能把握学情、有的放矢；在此基础上优化教学方法，才能使学生在理解内容的基础上学习言语形式，促使语言思维与文化审美达成一致，最终实现立德树人的育人目标。

革命文化类课文项目式学习设计案例

——四年级下册《黄继光》项目式学习设计

一、项目简介

项目名称	童心敬英烈	适用年级	四年级
项目时长	1周	课堂时间	1课时
驱动问题	如何用你喜欢的方式缅怀黄继光，表达敬仰之情		
项目概述	基于本单元的语文要素“从人物的语言、动作等描写中感受人物的品质”，并结合教材《黄继光》的课文内容，我们决定进行《童心敬英烈》项目式学习，深入了解黄继光烈士的英勇事迹，实践网络祭奠，寄托哀思。提高学生的语言理解能力、运用能力，提升思维能力、审美能力。加强信息搜集与整合能力、动手实践能力，激发学生的感恩意识，表达对英烈的崇高敬意		
核心知识	能找出描写黄继光语言、动作的相关语句，从中感受他的英勇品质		
项目目标	运用资料记录表、思维导图等工具搜集、整合资料；学会与项目学习小组成员合作、交流与评价；从描写黄继光语言、动作的语句中感受人物的品质		
主要成果	课本剧、诗歌集、手抄报、网页		

二、项目实施

（一）整体实施过程

围绕驱动问题，学生通过互联网搜集资料，在班级群汇总、讨论归类，根据自己擅长和喜好的研究内容和方式自主分组；接着，通过个人实践、小组内合作整合完成作品。

资源汇总—归类分组—个人实践—分组整合—成果展示

（二）成立项目小组

根据归类、分组情况和线上商讨结果，决定分四个小组开展研究：

第一组：颂英烈，演剧本

这组孩子既热爱阅读又善于表达。他们根据课文内容创作剧本，演绎课本剧，尽抒心中的思念，遥寄一份敬意！

第二组：赞英烈，咏诗歌

这组孩子多才多艺，聪明伶俐。他们搜集赞颂烈士的诗歌或文章，通过朗诵的方式，缅怀英雄黄继光。

第三组：敬英烈，出小报

这组是由关心时事而又能写会画的孩子组成。他们通过报刊、影视、互联网等渠道，了解黄继光烈士的生平和事迹，出一期以“勿忘英雄”为主题的小报。

第四组：忆英烈，做网页

这组学生将项目中的图、文、视频等素材整合，制作成网页，通过扫一扫二维码的方式向班级、学校、社区宣传黄继光的崇高精神和高尚品格，追忆中华民族的脊梁。

（三）小组成果形成

1. 各项目小组根据本组主题，将资源整合、分类，组长根据组员特点分配任务。

2. 小组成员根据各自任务实践研究。

3. 成员互相评价，合作改良；请相关教师加入项目小组，提出指导意见。

4. 根据意见，再次修改自己的个人作品。

5. 小组成员合作完成各自作品。

分配任务—实践研究—师生评价—修正改进—形成成果。

三、项目评价

（一）过程评价

<table>
<tr><td rowspan="8">项目过程评价</td><td>项目</td><td>内容</td><td>个人自评</td><td>小组互评</td></tr>
<tr><td rowspan="2">合作精神</td><td>积极参与、配合</td><td></td><td></td></tr>
<tr><td>认真思考、策划</td><td></td><td></td></tr>
<tr><td rowspan="3">能力提升</td><td>语言表达与运用能力</td><td></td><td></td></tr>
<tr><td>信息搜集与整理能力</td><td></td><td></td></tr>
<tr><td>审美创新与实践能力</td><td></td><td></td></tr>
<tr><td rowspan="2">感悟收获</td><td>崇敬英雄</td><td></td><td></td></tr>
<tr><td>感恩生活</td><td></td><td></td></tr>
</table>

（二）成果评价

<table>
<tr><td rowspan="3">项目成果评价</td><td>评价主体</td><td>评价内容</td></tr>
<tr><td>项目团体成果评价（教师、学生）</td><td>设“最佳默契”“最佳分工”“最佳创意”三个团体奖，老师点评，学生给自己喜欢的小组点赞</td></tr>
<tr><td>项目个人成果评价（教师、学生）</td><td>设“最佳剧本”“最美朗诵”“最优小报”“最新网页”四个单项奖。学生将作品视频或图片发至网上，老师点评，其余的孩子将小花送给自己最喜欢的作品，谁得到的小花最多，谁就获得这个项目的单项奖</td></tr>
</table>

四、项目成果

通过一周充实的学习，孩子们不仅在课堂中品读文句，感受到黄继光伟大品质，还通过课外的探寻，进一步了解黄继光的英勇事迹，并且用多种方式表达了对先烈的敬意。各项目学习小组成员群策群力，设计出了《童心敬英烈》成果展示：视频集展、报刊集展。

精品课教学设计案例集萃

一、三年级下册《我不能失信》精品课教学设计

<table>
<tr><th colspan="6">课程基本信息</th></tr>
<tr><td>学科</td><td>语文</td><td>年级</td><td>三年级</td><td>学期</td><td>春季</td></tr>
<tr><td>课题</td><td colspan="5">我不能失信</td></tr>
<tr><td>教科书</td><td colspan="5">书　名:教育部审定义务教育教科书语文
出版社:人民教育出版社　　　　出版日期:2018年12月</td></tr>
<tr><td colspan="6">教学目标</td></tr>
<tr><td colspan="6">1. 认识“耀、庆”等5个生字。
2. 能结合课文内容,联系生活实际理解课文结尾处宋庆龄的话,体会并学习人物诚实守信的可贵品质。</td></tr>
<tr><td colspan="6">教学内容</td></tr>
<tr><td colspan="6">教学重点:
能结合课文内容,联系生活实际理解课文结尾处宋庆龄的话,体会并学习人物诚实守信的可贵品质。
教学难点:
能结合课文内容,联系生活实际理解课文结尾处宋庆龄的话,体会并学习人物诚实守信的可贵品质。</td></tr>
<tr><td colspan="6">教学过程</td></tr>
<tr><td colspan="6">一、名言释疑,导入新课
1.理解“人而无信,不知其可也”。
2.今天我们就来学习一对好朋友之间守信用的故事。
3.解释题意:“我”是指谁? 不能失信于谁?
4.介绍宋庆龄。
(设计意图:利用名言让学生初步感知诚信的重要性,在揭示课题的同时,激发学生的学习兴趣。)</td></tr>
</table>

二、初读课文，整体感知

1.检查预习情况。

(1)把自己新学到的生字词读给同桌听一听。

(2)自由读，指名读，开火车读，齐读。

2.自由默读课文，说说你读懂了什么？读不懂的地方做上记号。

3.说说课文主要讲了一件什么事。

(设计意图：先解决了文章的字词问题，夯实基础，扫清了阅读障碍。)

三、深入探究，感悟文法

任务一：课文哪些地方可以看出小时候的宋庆龄是个诚实守信的孩子？

1.默读课文，把能反映宋庆龄守信的语句找出来，读一读并谈谈体会。

2.交流。

A.“爸爸，我不能去了！我昨天和小珍约好了，今天她来我们家，我教她叠花篮。”庆龄说。

宋庆龄这句话是在什么情况下说的?(爸爸见庆龄停住了脚步，当时就很好奇，于是他就奇怪地问……，庆龄回答说……)

B.正当爸爸拉起庆龄的手就要走的时候，庆龄又一次想到了小珍，连忙说——“不行!不行!我走了，小珍来了会扑空的，那多不好啊!”庆龄边说边把手抽回来。

庆龄边说边把手抽回来，可以看出什么?(“庆龄边说边把手抽回来”表明了自己的态度。)

C.正当爸爸和庆龄在一旁迟疑的时候，妈妈想出了一个办法，她在一旁说——“那……回来你去小珍家解释一下，表示歉意，明天再教她叠花篮，好不好?”

“不，妈妈。您说过，做人要守信用。如果我忘记了这件事，见到她时向她道歉是可以的，但我已经想起来了，就不能失信了！”

D.当爸爸妈妈回来后，妈妈心疼宋庆龄一人在家时，宋庆龄仰起脸回答道：“一个人在家，是很没劲。可是，我并不后悔，因为我并没有失信。”

(设计意图：本教学环节力求在学生充分研读的基础上，通过学生自主学习，让学生运用结合上下文、联系生活等方法去理解句子，落实了“联系生活理解难懂的句子”这一语文要素，让学生与他人分享阅读成果，尊重学生个人的独特感受、体验和价值观)

四、角色朗读，体会情感

(一)分角色表演朗读，一位读旁白，其余分别读爸爸、妈妈和宋庆龄的话。

(设计意图：通过分角色表演朗读课文，使学生进一步理解课文内容。)

(二)讨论理解，明辨是非。

任务二：默读课文，联系生活实际，说说你对下面句子的理解：“一个人在家，是很没劲。可是，我并不后悔，因为我没有失信。”

1.你认为宋庆龄为了守约放弃出行值不值得呢?

2.如果你遇到这种情况，你会怎么做?

(设计意图：设计了说的训练，直视学生通过对话知事例来领会人物的内心世界和性格特点这个学习难点。把课文内容与做人联系起来，使学生明辨是非，对诚信有更深的理解，让学生自主感悟、自觉内化。)

五、总结全文，情感升华

1.总结全文，梳理在理解难懂的句子中运用联系上下文、关注插图、联系生活、查阅资

料的学习方法。 2.学习关于诚信的名言警句。 3.我们社会主义核心价值观也倡导诚信。(设计意图:有效沟通情感与认知,课内与课外的联系。) 六、课后练习,拓展延伸 1.收集有关诚信的格言。 2.阅读有关诚信的故事。

二、六年级上册《让生活更美好》精品课教学设计

<table>
<tr><td colspan="6">课程基本信息</td></tr>
<tr><td>学科</td><td>语文</td><td>年级</td><td>六年级</td><td>学期</td><td>秋季</td></tr>
<tr><td>课题</td><td colspan="5">让生活更美好</td></tr>
<tr><td>教科书</td><td colspan="5">书　名:教育部审定义务教育教科书语文
出版社:人民教育出版社　　　　出版日期:2019年6月</td></tr>
<tr><td colspan="6">教学目标</td></tr>
<tr><td colspan="6">1.写清楚某种事物让生活变美好的经历,并把原因写具体。
2.认真修改自己的习作,分享习作。</td></tr>
<tr><td colspan="6">教学内容</td></tr>
<tr><td colspan="6">教学重点:
写清楚某种事物让生活变美好的经历,并把原因写具体。
教学难点:
写清楚某种事物让生活变美好的经历,并把原因写具体。</td></tr>
<tr><td colspan="6">教学过程</td></tr>
<tr><td colspan="6">一、回忆“美好”,出示课题
1.教师提出问题:生活中处处充满美好,你在生活中有哪些美好的体验呢?
2.学生根据自身实际交流生活中的美好体验。
预设1:在炎热的夏季,去游泳馆游泳实在是一种美好的体验。
预设2:安静地读书对我来说是一种美好的体验,因为我可以在书中收获无数的知识。
预设3:品尝美食是一种美好的体验,我非常喜欢吃火锅。
预设4:我觉得周末去游乐园是一种美好的体验。
二、审清题意,理解“美好”
1.春有百花秋有月,夏有凉风冬有雪。若有美好在心头,便是人间好时节。你的生活因何而美好呢?
2.请看到今天的习作题目,从中你读出了什么?</td></tr>
</table>

(1)"更"表示比较和变化。
(2)"美好"表示积极向上,那它体现在哪些方面呢?让我们到课本泡泡语中寻找启发。
(3)美好还体现在哪些方面,仿照泡泡语说一说。
3.什么让你的生活更美好呢?请说一说。
4.总结:话题可从兴趣爱好、家庭生活、学校生活、美好品质等方面展开。
三、分析选材,确定文题
1.阅读课本中的习作要求,圈点批注你认为的重点。
2.通过大家的分享,我们可以确定选材应符合以下三点要求:
①有深刻体验
②有具体事例
③有较大影响
3.根据以上要求,完成学习单的任务一。
四、根据要求,布局谋篇
1.如何通过有深刻体验的具体事例来体现影响呢?让我们以《竹节人》一课为例。
2.你会怎么描写具体事例?它如何影响你的生活?请完成学习单上的任务二。
3.我们一起来看一个示例。
4.确定具体选材之后,我们可以用思维导图,来理清楚行文结构。汇报交流提纲。
举例子:我要写的是《美食让生活更美好》,我开头点题,直接引出家乡春节美食年粑;然后叙述事例,写家乡做年粑的习俗,奶奶做年粑、蒸年粑,自己品尝年粑的心情;结尾写感受年粑让生活更美好。
预设1:我要写的是《旅游让生活更美好》,开篇点题,在旅游中感受美好生活;然后写在华山脚下看华山,在险要处勇敢往上爬,登到山顶看风景及感受;结尾总结感受呼应开头。
预设2:我要写的是《阅读让生活更美好》,我开篇点题引出阅读世界名著;然后介绍内容,主人公精神鼓舞人,书中名言启发人,自己受到了教育;结尾写感受呼吁更多人阅读起来。
5.请仿照导图,列出自己习作的思维导图,即完成学习单上的任务三。
五、写法指导,小试牛刀
1.在明晰习作要求,选定事例之后,还要掌握一定的写法,使文章更加精彩。
2.方法一:运用对比,突出"更美好",请看示例。
3.方法二:直接写之后的感受。我们以老舍先生《养花》一文为例,请看这篇文章的首尾两段。
4.请在两个方法中任选其一,完成学习单中的任务三。
5.总结要求,完成习作。
六、佳作赏析,强化要求
1.老师在批改大家的初稿时,被这篇文章描写的"美好"深深打动,忍不住想分享,我们一起来看。
2.谁能来说说这篇习作值得我们学习的地方有哪些?
3.由大家的点评,我们知道,这篇佳作围绕习作要求展开,写法具体,还具备优秀习作的一些必备要素。

七、小组合作,相互评价

1.请以小组为单位,自主合作学习,注意:

(1)两两互读习作;

(2)结合评价标准写点评;

(3)选出组内优秀作品。

2.评价标准如表格所示,注意点评包含“习作优点”和“修改建议”两部分。

八、根据建议,自主修改

1.三人行,必有我师焉。小组成员之间的修改建议,一定十分中肯,请大家根据评价标准和修改建议,自主修改自己的习作。

2.在原有基础的修改上,请将终稿誊抄在正式习作本上。

九、评选优秀,分享“美好”

1.对照评价标准,自我评价,并试着用修改符号自主修改。

2.对照评价标准,小组互评,给同伴提出修改建议。

3.小组分享修改之后的“美好片段”。

4.小组推选两篇最优秀的习作,准备参加班级的“共享美好生活”主题班会。

十、布置任务,激发分享动力

1.把习作制作成手抄报,评选出优秀作品在学习园地中展览。

2.利用少先队活动课开展“共享美好生活”主题班会,每组推荐两位同学进行分享,全班交流并投票。

3.根据投票结果,选出十佳优秀习作。

三、六年级上册《古诗词三首》精品课教学设计(第一课时)

<table>
<tr><td colspan="6">课程基本信息</td></tr>
<tr><td>学科</td><td>语文</td><td>年级</td><td>六年级</td><td>学期</td><td>秋季</td></tr>
<tr><td>课题</td><td colspan="5">古诗词三首(第一课时)</td></tr>
<tr><td>教科书</td><td colspan="5">书　名:教育部审定义务教育教科书语文
出版社:人民教育出版社　　　出版日期:2019年6月</td></tr>
<tr><td colspan="6">教学目标</td></tr>
<tr><td colspan="6">1.会写“德”字。
2.有感情朗读课文。背诵课文。
3.借助注释理解诗意,想象画面,体会诗中蕴含的思想感情。</td></tr>
</table>

教学内容
教学重点： 借助注释理解诗意，想象画面，体会诗中蕴含的思想感情。 教学难点： 借助注释理解诗意，想象画面，体会诗中蕴含的思想感情。

教学过程
一、回顾前文，导入新课 同学们，在这个单元的学习中，我们跟着老舍领略了内蒙古大草原的美丽风光，欣赏了北京城内外丁香的美丽姿态。我们这节课学习《古诗词三首》，一起来欣赏月下的建德江、夏雨中的西湖以及山村夜晚的景色吧。 揭示课题《古诗词三首》，板书课题：古诗词三首，学生齐读课题。 （设计意图：基于单元人文主题，以第一、二课为起点，体现上挂下连，激发学生的学习兴趣。） 二、读通诗句，读好节奏 1.学生自由朗读古诗。 2.教师强调“渚”的读音，并根据注释②，让学生明确“渚”的意思是水中间的小块陆地。 3.教师出示节奏划分，学生齐读古诗。 4.教师播放课文朗读视频后提出要求：朗读古诗，读准字音，读通诗句。 三、运用方法，理解诗意 （一）回顾理解诗意的方法。 （二）分小组仔细品味诗的大意。 （三）汇报学习情况。 《宿建德江》的大意是：把船停泊在烟雾弥漫的沙洲边上，正是日暮时分，新愁不禁涌上心头。抬眼望去，远处旷野中的天空显得比近处的树木还要低，清清的江水倒映的明月仿佛和舟中的人十分亲近。 《六月二十七日望湖楼醉书》大意是：黑云像打翻了的墨水，还没来得及把山遮住，白亮亮的雨点便像洒落的珠子一样纷纷乱跳进船舱。突然，狂风席卷大地，湖面上顿时雨散云飞，凭栏而望，只见湖面水天映照，碧波如镜。 四、想象画面，感悟诗情 （一）走进建德江，感悟愁思绪 1.想象画面 教师提出问题：读完这首诗，你仿佛看到了怎样的画面？ 预设：夜幕降临，小船停靠在烟雾迷蒙的小洲旁。旷野无边无际，远天比树还要低沉，江水清清，显得和明月很亲近。 2.感悟诗情 （1）教师提出问题：诗人置身于这样的情景中有怎样的感受呢？

预设：愁。 (2)教师提出问题：面对黄昏的日落，诗人为何会涌起“新愁”？ 资料链接：孟浩然早年热心功名，然而科举失利，饱受打击，最终在隐居和漫游中度过人生的大多数时间。《宿建德江》写于诗人在长安应试失败之后，感觉自己怀才不遇，于是开始了漫游的生活。 教师引导学生明确作者之所以愁是因为远离家乡、仕途失意。 (设计意图：让学生结合资料对诗人当时的处境进行了解，从而更加深入体会本诗所表达的思想感情。) (3)初步了解行旅诗。 (4)教师提出问题：人在旅途，漂泊不定，许多诗人都留下了满怀愁绪的诗句，你能说一句吗？ (二)登上望湖楼，醉享奇趣景 1.请同学们边读边想象眼前出现了什么画面，用以下句式说说你的体会。 读了________诗句，我仿佛看到了__________，听到了________，想到__________。这句诗中我最欣赏的词是__________，这个词________。 2.学生交流汇报想象的画面。 3.深入理解题目“醉”。 (设计意图：这首诗的每一句都是一幅画面，抓住这一特点，结合诗句中的关键词展开想象，可以加深学生对本诗的理解。) 五、感情朗读，积累背诵 (一)朗读指导：在朗读时，我们可以通过放慢语速和语调，重读“愁”字来读出诗人的愁绪。 (二)尝试背诵：教师出示教材中的插图，提示尝试学生借助插图背诵诗句。 六、总结方法，课后拓展 (一)总结本节课学习古诗的方法。 (二)布置课后练习。 1.画：画一画本课所学两首诗所呈现出的画面，在图画中表达自己对大自然的喜爱之情。 2.找：收集孟浩然或苏轼的故事和诗歌，进一步了解诗人，体会诗人的内心情感。 (设计意图：通过课后练习，让学生们再次感受西湖在晴天和雨天时不同的美好景色。)

四、六年级上册《古诗词三首》精品课教学设计（第二课时）

<table>
<tr><td colspan="6">课程基本信息</td></tr>
<tr><td>学科</td><td>语文</td><td>年级</td><td>六年级</td><td>学期</td><td>秋季</td></tr>
<tr><td>课题</td><td colspan="5">古诗词三首(第二课时)</td></tr>
<tr><td>教科书</td><td colspan="5">书　名：教育部审定义务教育教科书语文
出版社：人民教育出版社　　　出版日期：2019年6月</td></tr>
</table>

教学目标
1. 认识“鹊、蝉”2个字。 2. 有感情朗读课文。背诵课文。默写《西江月·夜行黄沙道中》。 3. 借助注释理解诗意，想象画面，体会诗中蕴含的思想感情。
教学内容
教学重点： 借助注释理解诗意，想象画面，体会诗中蕴含的思想感情。 教学难点： 借助注释理解诗意，想象画面，体会诗中蕴含的思想感情。
教学过程
一、直接导入，揭示词题 揭示词题《西江月·夜行黄沙道中》，板书词题：西江月·夜行黄沙道中，学生齐读词题。 二、链接资料，了解作者 辛弃疾（1140—1207）字幼安，别号稼轩居士，历城（在今山东济南）人，南宋豪放派词人、将领，有“词中之龙”之称。与苏轼合称“苏辛”，与李清照并称“济南二安”。现存词六百多首，有词集《稼轩长短句》等传世。 三、读通课文，学习生字 1.初读课文 （1）教师播放课文朗读视频后提出要求：朗读本词，读准字音，读通诗句。 （2）学生自由朗读词。 （3）教师强调“见”的读音，根据注释⑥见同“现”。 教师提出问题：你还知道在哪些句子中“见”读作“现”？ 预设1：书读百遍其义自见。 预设2：风吹草低见牛羊。 （4）教师出示节奏划分，学生齐读本词。 西江月·夜行黄沙道中 ［宋］　辛弃疾 明月/别枝/惊鹊，清风/半夜/鸣蝉。稻花香里/说丰年，听取/蛙声/一片。 七八个星/天外，两三点雨/山前。旧时茅店/社林边，路转溪桥/忽见。 2.学习生字 （1）蝉：左窄右宽，左收右让，注意第五笔是提，不要写成横。 （2）鹊：左窄右宽，横画错落有致。书写时要注意笔画的穿插，使左右部件联成整体。 四、结合注释，理解词意 （1）上阕：明月别枝惊鹊，清风半夜鸣蝉。稻花香里说丰年，听取蛙声一片。 教师引导学生根据注释③明确“别枝”的意思是横斜的树枝。上阕的大意是明月升上

树梢,惊飞了枝头的喜鹊,清凉的晚风中,传来蝉鸣声声。在稻花的香气里,人们谈论着丰收的年景,耳边传来阵阵蛙声。

(2)下阕:七八个星天外,两三点雨山前。旧时茅店社林边,路转溪桥忽见。

教师引导学生根据注释④明确"茅店"指用茅草盖的旅社;根据注释⑤明确"社林"的意思是社庙丛林。下阕的大意是天空中星星时隐时现,山前落下稀疏的雨点。过去在土地庙树林旁边的茅店,拐了个弯就忽然出现在眼前。

五、想象画面,体悟情感

上阕

1.教师提出合作探究要求:(1)读这首词的上阕,想象画面:诗人看到了什么?听到了什么?闻到了什么?(2)通过这些描写你感受到了什么?

2.学生圈画诗句并作相应批注,小组讨论诗句呈现的画面,教师巡视指导。

3.汇报交流

预设1:诗人看到了"明月、别枝、惊鹊","惊鹊"在这里可以起到以动衬静的作用。

预设2:诗人听到了"鸣蝉、说丰年、蛙声一片"。

预设3:诗人闻到了"稻花香"。

预设4:通过这些描写,我们可以感受到作者闲居乡村时内心的宁静、喜悦。

(设计意图:引导学生进一步体会词的意境,感受乡村月夜恬静自然、优美如画的景色,及作者闲居时的心情。)

下阕

1.教师提出自主学习要求:(1)正当词人完全沉浸在展望丰收的喜悦中时,浑然不觉天气起了变化。等他猛抬头,发生了什么呢?(2)词人此时的心情发生了怎样的变化?

2.学生圈画诗句并作相应批注,教师巡视指导。

3.汇报交流

预设1:通过"两三点雨山前"可以感受到意外的心情。

预设2:通过"忽见"可以感受到惊喜的心情。

联系其他诗句,感受作者心情

(1)教师提出问题:回忆一下,陆游写的哪句诗表达的也是这种峰回路转的惊喜?

预设:山重水复疑无路,柳暗花明又一村。

(2)读一读《宿建德江》《西江月·夜行黄沙道中》,两首诗都写了月夜的景色,表达的感情一样吗?请结合诗句说一说。

学生自由朗读诗词,感受诗词中所表达的不同情感。

预设:不一样,通过《宿建德江》中的"愁"字,可以感受到作者寂寞、孤独的心情;通过《西江月·夜行黄沙道中》的"丰年"和"路转溪桥忽见"可以感受到作者喜悦、欢快的心情。

(设计意图:写景往往是为了抒情。通过对比阅读,学生更深刻地发现两首诗情感表达的区别,还能在朗读中读出对诗词独特的体会。)

六、积累背诵,练习默写

1.拓展延伸

与"月"有关的诗句

床前明月光，疑是地上霜。——李白《静夜思》
露从今夜白，月是故乡明。——杜甫《月夜忆舍弟》
三十功名尘与土，八千里路云和月。——岳飞《满江红》
2.跟唱[婷婷唱古文]——辛弃疾《西江月》，练习背诵。
3.练习默写。
七、课后练习，拓展延伸
1.写：以《西江月·夜行黄沙道中》为内容，完成一份书写作品。
2.品：另找一些描写月夜或暴雨的古诗词，感受诗词语言的凝练和画面美。

五、六年级下册《董存瑞舍身炸暗堡》精品课

课程信息					
学科	语文	年级	六年级	学期	春季
课题	董存瑞舍身炸暗堡				
教科书	书　名：教育部审定义务教育教科书语文 出版社：人民教育出版社　　　出版日期：2022年12月				

教学目标

1.正确、流利、有感情地朗读课文。

2.抓住描写董存瑞语言、动作、神态的重点词句，并联系背景资料、电影片段，感悟董存瑞舍生忘死、英勇无畏的革命献身精神。

3.凭借英雄人物拓展、课后研学等，懂得今天的幸福生活来之不易，并树立长大报效祖国的理想信念。

教学内容

教学重点：抓住描写董存瑞语言、动作、神态的重点词句，并联系背景资料、电影片段，感悟董存瑞舍生忘死、英勇无畏的革命献身精神。

教学难点：抓住描写董存瑞语言、动作、神态的重点词句，并联系背景资料、电影片段，感悟董存瑞舍生忘死、英勇无畏的革命献身精神。

教学过程

一、创设情境，引出课题
1.回顾文天祥的名言。
2.播放革命英雄人物图片。
（设计意图：创设情境，谈话切入，唤起学生对先烈的敬佩之情，调动学生积极的情绪状态，引发学生的共鸣，让学生对文本产生学习兴趣。）

二、分享资料，初识英雄

学生分享课前收集的关于董存瑞的资料，初步了解董存瑞。

董存瑞，生于1929年，河北省怀来县人。他出身贫苦农民家庭。当过儿童团长，13岁时，曾机智地掩护区委书记躲过侵华日军追捕，被誉为“抗日小英雄”。1945年7月参加八路军。后任某部六班班长。1947年加入中国共产党。他军事技术过硬，作战机智勇敢，在一次战斗中只身俘敌10多人。他先后立大功3次、小功4次，获3枚“勇敢奖章”、1枚“毛泽东奖章”。他所领导的班获“董存瑞练兵模范班”称号。在解放军攻打隆化城的战斗中，董存瑞舍身炸暗堡壮烈牺牲，年仅19岁。

（设计意图：对于革命，学生太陌生；对于革命事迹的伟大，学生难以感同身受。因此，上课之前，让学生收集相关的资料，有助于学生了解、感受那些令人难忘的历史事件。）

三、品悟言行，感受品质

1.根据“学习提示”，明确本节课的学习任务。

（1）默读课文，说一说董存瑞是一个怎样的战士。

（2）再找出描写董存瑞神态、言行的句子读一读，和同学交流这些描写对刻画人物有什么作用。

2.按事情发展的顺序进行梳理课文大意。

3.完成任务一：默读课文，说一说董存瑞是一个怎样的战士。

4.思考任务二：（1）默读第2—7自然段，找出描写董存瑞神态、言行的句子读一读，并作简单批注。（2）小组交流这些描写对刻画人物有什么作用。

5.学生汇报学习收获。

（1）品析人物语言，学习“请求炸暗堡”。

教师引导：找出董存瑞请求炸暗堡的句子，把你印象深刻的地方勾画出来，可以在旁边写写你的体会。

（2）品析人物语言，学习“逼近暗堡”。

教师引导：认真读一读董存瑞逼近暗堡的段落，运用了什么描写？可以从中看出董存瑞是个什么样的人？

（3）品析人物语言，学习“舍身炸碉堡”。

教师出示引导：结合教材插图，想一想董存瑞是怎样炸掉暗堡的。

6.有没有什么办法，能够不伤害自己，就炸掉碉堡？

7.播放电影片段，瞻仰董存瑞舍身炸暗堡的英雄壮举。

（设计意图：结合略读课文的课前提示及本单元“关注外貌、神态、言行的描写，体会人物品质”的语文要素引导学生寻找关键语句，通过句子来感悟人物品质，感受董存瑞的勇于担当、视死如归、勇敢机智等品质，品味和咀嚼文本的丰富内涵，从而进一步内化文本语言，走进故事情境，体现语文本位，这样有利于培养学生自主学习、自主解决问题与合作解决问题的能力。）

四、复述故事，弘扬精神

1.学生明确要求，复述故事，注意抓住人物的外貌的描述、神态的变现、言行的辅助表现人物的英雄气概。

2.开展“争做五星宣讲员”活动。

（设计意图：进一步让学生体会外貌、神态、言行的描写对人物品质刻画的作用。在训练表达能力的同时，让学生感悟董存瑞舍生忘死、英勇无畏的革命献身精神。）

五、拓展阅读，传承血脉

1. 分享其他英雄的感人事迹。

2. 分享内心感言。

此刻，你站在英雄纪念碑前面，你想说什么，请写下来。

（设计意图：革命题材类课文与学生日常生活相距较远，孩子缺乏生活体验，难以产生共鸣，这也是此类课文的教学难点所在。关联影视作品、补充背景资料、分享英雄事迹等拉近时空距离，很好地落实了本单元“查阅相关资料，加深对课文的理解”这一语文要素，将学生引入特定情境，升华文章精神内核。）

六、课后研学，践行宣言

1. 必做题。

讲好故事：把《董存瑞舍身炸暗堡》的故事讲给家人听。

2. 选做题。

挖掘故事：查阅资料，走访调研，了解身边的英雄人物故事，和同学或家人分享交流。

第四辑

阅读丰盈人生

引子：阅读和写作是两种相互促进的活动，是我们人生中不可或缺的一部分。通过阅读，我们可以拓宽视野、增长知识；通过写作，我们可以表达自己、释放情感。因此，让我们把阅读和写作融入生活中，让它们成为我们的一种习惯和生活方式，成为一种享受和乐趣。当我们沉浸在一本好书中时，我们可以感受到作者的智慧和情感；当我们写下自己的心情和感悟时，我们可以体验到文字的魅力和力量。这种享受和乐趣可以让我们的生活更加丰富多彩，让我们培养高雅情趣，开阔人生视野，凝聚前进的力量，延展生命的广度和宽度。

小学班主任工作中的情感教育

我们都知道，应该从小学就开始抓情感教育。目前书本知识不仅仅是小学教育的组成部分，我们还应该把情感教育融入小学教育教学之中。事实上，对小学生来讲，他们正处于萌发情感的阶段，作为小学班主任应该充分发挥自身的作用，积极地对学生进行引导，端正他们对情感的认知。在本文中，笔者首先研究小学班级管理中情感教育的运行情况，然后探讨情感教育的重要性，最后讨论小学班主任工作中渗透情感教育的实践措施。

一、小学班级管理中情感教育的运行状况

当前，在素质教育教学背景下，很多老师的教学理念和思想没有得到及时的更新，使用的教育方法还沿用以前的，没有充分认识到情感教育的重要性。小学阶段学生情感状态发育比较迅速，他们的奇特想法或者思考方式随时会变，在这些因素影响下其行为就会随之有一些变化。不仅如此，处于小学阶段的学生自制力不足，如果老师不能及时引导或者引导有误，学生必然会受到严重的影响。

二、小学班主任情感教育的重要性

处于小学学龄阶段的学生，他们的心智尚不成熟，班主任对他们的影响很大。因此作为小学班主任应该自身就立身正派，提高职业道德操守，教学、管理中采取科学有效的措施，积极和学生搭建良好的关系，取得更好的教学和管理效果。对学生来讲，情感教育有很大的感染作用，能够保障学生成长得更加健康，保障其情绪稳定，更好地投入到学习之中。作为班级的主要管理人员，班主任应该体现出冷静、

自信等多种状态，以自身为标尺，让学生以此为榜样，这可以潜移默化地感染和影响学生，进而实现更好的管理效果。目前在课堂上，一些小学生比较消极，缺乏稳定的情绪，情感忽冷忽热，学习上不用心，学生之间没有足够的团结意识。因此我们在进行日常管理的时候，作为班主任就应该根据这种实际情况，帮助学生树立正确的三观，消除不良因素。所以，在日常管理中我们应渗透情感教育，进一步提升学生的情感体验，对他们进行引导、教育，以实现更好的效果。

三、小学班主任工作中渗透情感教育的实践措施

（一）坚持“以身作则”的情感教育原则

学校对小学生成长的影响比较大，而班主任对学生的影响更深，很多小学生第一感知的启蒙都来自班主任的言行举止。所以，在日常教学的时候，班主任应该根据学生的实际情况，秉承以身作则的原则和意识，对学生的审美意识和爱心进行很好的培养，确保其人生观趋于正确，培养学生认真负责的人生态度，这对其今后有很大的影响。

班主任在日常管理的时候秉承以身作则原则，就要求规范自己的言行，将耐心和理解付诸管理中，不能对学生进行强制性的教育灌输，也不能对学生随意辱骂，更不能对违反纪律的学生进行体罚。我们应该认识到，强制性的管束虽然在短时间内会看到效果，但是小学生自觉遵守纪律的意识却没有形成，因此从长远来看，这样的管理措施有很大的不足。甚至还会激起学生的抵触情绪，这样会造成更严重的后果。

所以，在日常管理的时候，小学班主任应该通过积极的情感引导培养学生的自我管理意识，这才是班主任做好班级管理工作的关键，以身作则意识就要求班主任严于律己，要求学生做到的事情自己必须首先做到。同时还应该给学生营造良好的学习环境，培养学生积极乐观的人生态度，在班级内树立正确的学习、合作和竞争意识，保障小学生的成长更加健康。

（二）把握“严格与宽容”的情感教育保障

我们把情感教育渗透到小学班级管理工作之中，能够更好地保障班级管理活动的开展有序有效。笔者认为，在一些学习活动中进一步

深化学生的情感体验，进一步提升小学生的热情，更好地调动其积极主动的学习欲求和认识，情感素养自然会得到升华。我们可以在班级内举办一些小型的活动，如故事分享会、小型辩论赛、轻松的班会等，这些小活动的举行，不仅会让学生的凝聚力增强，还会提高其团队协作意识。不仅如此，我们还可以对学生进行鼓励，让他们放眼社会，积极奉献爱心，组织开展一些情感实践活动，科学传递正能量的思想，这样会取得更好的效果。

小学生要想获得健康的成长，和班主任所需的理想的班级管理效果目标是一致的。如何正确把握小学生情感教育的尺度，确保情感教育的发展更加良性，这就要求我们必须把更多的情感体验机会提供给小学生们，我们在对宽容与严格管理实践进行把握的时候，其中最重要的一点就是必须丰富班级活动。事实上宽容与严格是存在辩证关系的，更会对学生的心理、情感等产生影响。对学生第一次的犯错误和干了原则性的错事，班主任不能漠视，更不能任其发展，应该把主动承认错误的机会让给学生。让学生认识和感悟错误的性质，然后很好地完善自己的自制力。老师科学利用学生犯错误的机会，实现情感教育更好的渗透，这样才会取得更好的情感教育教学效果。

（三）构建尊重信任的情感教育目标

我们在开展班级活动的时候，应该保障其高效性、有序性等，让老师和学生之间心理上的距离不断消失，积极构建学生尊重、老师信任的教育目标。我们应该把公平、公正的态度引入教育管理之中，在教育中引入差异化管理措施。根据每个学生的实际情况，选择有针对性的管理措施，在教育之中穿插以人为本意识，通过创新意识和学习意识的激发，努力发掘学生身上的闪光点，充分赏识和尊重学生，引导学生具有正确的兴趣和爱好，不让其在健康成长道路上落伍，保障多样化、丰富化的情感教育，这样才能确保小学班主任情感教育的可持续发展，构建和谐友爱、健康积极的班集体，从而确保情感教育渗透目标的实现。

结语

进入新世纪后，对小学生来讲，素质教育更加重要。作为班级的主要管理人员，我们和学生接触的机会有很多，因此我们在管理班级的时候，应该充分了解学生的实际情况，采取有针对性的措施渗透情感教育，通过良性的沟通交流，在教育的每一个环节科学地渗透情感教育。我们应该和学生构建亦师亦友的和谐管理，深入学生内心，了解其所思所想，对他们的行为举止有清晰的认知，这样才能更好地开展班级管理工作。

倾注“六心”转化后进生

转化后进生的工作是一项艰巨的工程，它的成败不仅取决于班主任的事业心和责任心，而且还取决于班主任的教育技巧。根据多年的教育实践，我深深体会到倾注“六心”转化后进生可取得很好的效果。

一、倾注热心，追根求源

俄国教育家乌申斯基认为：“如果教育家要从多方面培养人，那么他首先应该在多方面了解学生。”了解后进生，是转化后进生的前提。后进生由于平时表现不好，学习成绩差，会经常受到老师的批评和集体舆论的谴责，因此在思想上容易与教师产生隔阂。如果班主任单凭教育，那就只是隔靴搔痒，甚至会激起后进生的反感。于是我从高高的讲台上走下来，深入学生中间，以饱满的热情、良好的情绪和真诚的微笑面对每一位“学困生”，让他们感受到教师平易近人，和蔼可亲，然后与他们谈心、做游戏，询问其学习、生活情况，拉近师生间的心理距离，与学生打成一片，让“学困生”从心理上接受教育，愿意向我倾吐心声、做知心朋友。除此，还围绕后进生出现的问题开展主题班会，以个别谈心、家访等方式收集学生各方面的信息。这样，消除后进生的疑惧，密切与后进生的关系，采取多种渠道，了解他们后进的真正原因。只有彻底掌握学生各个方面的情况，了解他们的喜怒哀乐、兴趣爱好等，才能在工作中有的放矢、得心应手。

二、倾注爱心，端正态度

要想转化后进生，还必须端正他们的态度，让他们树立自信心，有“而今迈步从头越”的决心。爱学生是教育学生的起点和基础，好学生要爱，后进生更要爱，爱之深切，才能唤起他们奋发向上的勇气、信心和激情。后进生受到的批评特别多，有时即使做了一些好事，客观上也得不到应有的肯定。他误以为不管怎样，老师和同学都不会相信自己的，自己再怎么努力也无济于事。于是对周围的人总抱有猜疑，产生“破罐子破摔”的消极心理。这时候，若教师冷落或伤害后进生，他们更会敏感地从教师的言行态度中意识到教师的偏心和歧视，感受不到集体的关怀与温暖，在心理上就会与周围的人形成一堵无形厚实的“墙”，产生封闭心理。这就需要教师用爱去滋润他们、感化他们，用火一般的热情，去化解他们心理上的坚冰，让每一个后进生不仅有进步的心态，也有进步的渴望，循循善诱，唤起其积极向上的心灵火花，端正他们的态度，消除他们的对立情绪和“破罐子破摔”的心理。例如：我班的小明同学上课时总爱搞小动作，偶尔说一两句话惹得同学们哄堂大笑，严重影响了课堂纪律，得到同学冷眼排斥与老师的指责。久而久之，他对同学和老师便采取敌对的态度，违纪行为变本加厉。通过家访，我知道他爸妈都在外打工，一个学期也不回来一次，家里就是外婆外公照顾他，外公宠他，在外婆教育时也无理地护着他，久而久之，就养成了这种坏习惯。了解情况后，我和他单独谈心，刚开始他还采取强硬的抵抗态度，我坚持不放弃，在生活上对他嘘寒问暖，在学习上耐心辅导，不久就被我的“真情关爱”所感化，开始向我吐露真实思想，使他体会到老师的良苦用心而幡然悔悟，进而把精力用在学习上。

三、倾注精心，捕捉时机

在转化后进生的过程中，精心地观察他们的日常行为，掌握他们的学习情况，并善于揣摩他们的心理活动，选择恰当的教育时机，因势利导。常常那些恰当的教育时机是后进生前进路上的转折点。因此适当地捕捉时机，便可“点石成金”、事半功倍，使后进生有一个较大的转变。例如在一次家访时，我经过一个后进生的家，突然听到门内传出小王的哭声及其爸爸的打骂声。原来是小王又不做作业并顶撞父母而遭气愤的父亲打骂。平时小王在学校常常无心学习，惹是生非，给他讲道理总是听不进去，时有违纪行为。这时候我意识到这是个转化他的千载难逢的好机会，于是迅速走了进去。他的爸爸见到我的出现非常惊讶，我连忙解释说："现在我是特意来报告你孩子这段时间在学校取得的进步！"我当着小王就高兴地向他爸爸一一罗列了他这段时间的优点，如劳动非常积极、体育课表现非常棒等，并指出家长不应该用打骂的方式对孩子进行教育，接着我疼惜地拉起了长跪在地的小王，这时我分明看到了小王那对我感激和信任的目光。这样，抓住千载难逢的时机，及时给予教育鼓励，使其亲其师，信其道。后来，小王在大家帮助下特别是他自己的努力下，各方面都进步明显，一学期后终于成了一位品学兼优的学生。

四、倾注诚心，对症下药

要更好地转变后进生，首先应从多方面了解学生，如学生的家庭环境、学习基础、学习方法、心理状况、同伴关系、社会交往、非智力因素等，并对所了解到的情况进行分析综合，找出造成该生落后的心理、生理、情绪、思想、个性等方面的内在原因，学校，家庭，社会等方面的外在原因，从而有的放矢地制订出教育方法，对症下药，方能收到事半功倍的效果。如我班学生张某有跛脚的生理缺陷，学习因底子薄也暂时落后，致使他觉得处处低人一等，性格孤僻多疑。针对该生这种情况，我就积极创造条件，鼓励其参加集体活动，来逐步培养其信心。同时加强教育其他学生，使他们懂得如何尊重人、爱护人，从而形成一个和谐互助平等上进的集体氛围，对该生起到春风化雨的作用。如对那些因为学习跟不上而后进的学生就实行优先提问，让后进生回答较容易的问题；优先辅导，我们在课堂上应先解决他们提出的问题；课后主动接近他们，进行针对性辅导等。

五、倾注细心，发掘进步

教师要善于捕捉后进生的闪光点，让学生体验到成功的快乐，看到学生的点滴进步，多进行鼓励和表扬，对学生进行赏识教育，培养学生的自信，使其成为他们幡然改过、弃旧图新的突破口，成为他们奋发进取的动力。"尺有所短，寸有所长。"后进生的身上虽然存在着许多明显的缺点，但同样也蕴藏一些不引人注目的优点和长处。在平时的工作中，我细致观察，全面去了解他们，尽量寻找挖掘他们身上的闪光点，及时表扬鼓励，并让这一个闪光点在爱的阳光沐浴下变成更多的闪光点，从而让他们树立自信心。通过同学、任课老师、家长等多方面了解他们，细心观察他们的一言一行，除了帮助他们树立起自信外，还及时引导他们学习别人身上的优点和长处，认识自己的缺点与不足，并加以改正。这样，对后进生像对待自己的孩子一样，用爱的眼光去寻找他们身上的“闪光点”，用感情培养它，用道理巩固它，用行动扶植它，用表扬激励它，正确引导，精心培养，使之发扬光大。

六、倾注耐心，谅解反复

“冰冻三尺，非一日之寒”。转化后进生的工作不是一朝一夕的事情，教师不要急于求成，要有耐心地反复抓，一定要尽职、尽心、尽力、善始善终，做到帮助有计划，时间有保证，内容不空洞，检查不放松，使学生天天有变化，周周有进步。后进生的思想品德形成过程往往具有曲折性和反复性的特点。后进生的很多行为已形成了他们的生活习惯，即使道理上明白了，心里也决心改正了，可他们的进步还是那么缓慢和曲折的，在前进过程中常常出现反复。他们的坏习惯根深蒂固，不是一朝一夕就能够改变的，每次行为的反复都有一番思想较量，这就要求教师要有一份比平常人更多的耐心，要坚信每一位学生都是可以教诲的。不应该把它看成是过去错误的简单重复，更不能认为是屡教不改或不可救药。面对后进生，耐心地正面教育他们，平时注意他们的思想动态和行为表现，在行为上勤督促，特别是他们在行为上表现出犹豫不决时给以鼓励，使他们逐渐战胜过去，改掉毛病，养成良好的习惯。而且，通过讲名人的事迹让他们获得克服困难的坚定信念，教导学生如何面对挫折，鼓励学生与父母互相关心体贴，在理解了大人的苦心和爱心之后，面对家庭的变异，在逆境中学会生存，学会学习，学会坚强，帮助后进生发展良好的个性心理，自觉抑制外来不良因素的干扰，将父母的关爱转化成学习的动力，促进自己学业的提高。

在转变后进生的过程中，“六心”就像一股甘泉滋润着后进生的心田，促其生长新绿，促其繁花似锦！

《项目式教学》读书心得体会

“创造条件，让每一位学生——无论先前学习经验如何、语言流利与否、阅读水平怎样——都可以在PBL中成功。”此语出自美国苏西·博斯和约翰·拉尔默编著的《项目式教学》一书。《项目式教学》是一本立足PBL（项目式教学法）实践的图书，呈现了一幅使项目式教学落地课堂的完整路线图，对于教育研究者来说是非常值得阅读和参考的。其中书中“搭建学习支架”这一部分内容让我获益匪浅。

“为了帮助所有学习者取得成功，教师往往会在项目计划上准备一系列的教学知识，也会在看到学生遇到困难的时候，及时提供学习帮助，那是一种我们预期和学生当下需要之间的平衡。这就是学习支架。”这一章一共有六个内容，详尽地阐述了学习支架与项目式教学的融合。

一、为什么搭建学习支架对项目式教学至关重要

通常来说，搭建学习支架是一个重要的教学手段，但对帮助所有学生在项目式教学中取得成功来说却是必不可少的。其目标是要创造条件和支持，让每位学生都可以踮起脚尖够到学习目标，其中包含了学术目标和成功素养。随着学生的能力得到发展，有了自己取得成功的自信，教师就可以逐步撤出学习支架了。

二、为“加州大冒险”搭建学习支架

这一部分详细分析了在“加州大冒险”这项目过程中是如何搭建学习支架的。总的来说，一些支持是提前就计划好的，另一些则是在学生需要帮助以推进项目时才拿出来。一些学习支架对全班都适用，而基于

形成性评估，可以发现有些学生在特定的学习主题上需要更多的个人或小组支持。在教师看来，搭建有效的学习支架是由积极的思维开启的——让我们假设所有学生都可以做得很好。

三、内容、过程和成果的差异化

内容，使用诸如视频、讨论、阅读材料，以及视觉化素材等策略，让学习者获得多种多样的途径去建立连接。学习者会发现，至少有一些呈现的内容是讲得通的；如果只用一种传达信息的模式，这种情况可能就不会发生了。

过程，学生怎样理解正在学习的东西呢？每个学习者的答案很可能会不一样，这就是过程差异化的很重要的原因。汤姆森建议，可以给学生提供一些加工信息、处理想法的选项。

成果，在项目式教学中最终学生通常有权选择如何展现自己的学习理解。正如麦卡锡所述——有效的成果和学习产出是相对应的、真实的、有意义的。给学生们一些成果的选项，更有利于他们找到展示自己的更好方式。

四、将学习支架与学习目标相对应

逆向规划可以帮助你将支架和项目的学习目标对应起来。你在确立学习目标的时候，就应考虑最终希望学生掌握的内容和能够去做的事。你对能反映学生学习情况的主要成果也应进行头脑风暴，将其与课标对应起来。要计划有效的学习支架，你需要拆解这些成果，然后决定哪些知识、理解和技能对取得成果是必要的。这些信息将会帮助你制作学生学习指南、预想需要学习支架的地方。

五、项目式教学与包容：满足所有人的需求

每一个项目设计要素和所有的项目式教学实践，都指向创造那种引人入胜又充满变化的学习环境，这也是服务于一大批有学习障碍的学生的最佳环境。成功策略：（1）集体智慧；（2）差异化教学；（3）将个别化教育计划嵌入项目。

六、及时的学习支架

在同一个项目实施的过程中，有些学生可能会停滞不前，而另一些学生可能需要拓展。及时的学习支架可以帮助你做调整，从而满足学生那一刻的需要。

这一章节的阅读，让我感受到：项目式学习，学生沉浸其中，教师也一定会乐在其中。搭建差异化的学习支架，提供强有力的支持，帮助和引导孩子走进学习，在反思中不断提升自己的能力，给孩子创造沉浸式学习的体验，让孩子真正爱上学习和探索！

《教师专业发展的未来性特征》学习心得体会

2021年10月17日至18日在广东省名教师工作室主持人的组织引领下，我们全体学员线上观摩了由北京教育学院主办的“第二届教师学习与专业发展研讨会——面向2035教师学习的变革与创新”。讨论会分主论坛和三个分论坛进行，分论坛三由北京教育学院教育管理与心理学院余新教授主持，主要探讨“教师学习促进：发展规划与行动策略”，有两组共8位专家发言。其中第一组的正高级教师、上海市师资培训中心党委书记、主任周增为教授的发言《教师专业发展的未来性特征》，让我深受触动。

周主任通过“五问五答”深入阐述了教师专业发展未来性的特征。

一、什么是当今教师专业发展的核心之问

教师的专业发展具有显性与隐性指标。教师评上职称，教师获得荣誉，这是显性上教师专业的发展的呈现。而教师专业发展是否促进或影响学生的健康成长是值得我们深入思考的教师专业发展隐性指标。教师专业发展要敢于面对并解决学生的真实问题。如果教师专业发展无力缓解学生的现实压力，无法解决学生的实际诉求与困难，不关注学生成长中的迷茫状态，那么，教师专业发展的投入和成果均无意义。

学校最后衡量办学质量是看你的教师专业发展指标，而衡量教师专业发展的是看学生是否成长，是否收益。就此问题要更进一步推进设计针对“教师发展的政策、路径、成本等一切实践”与当前学生状态（多种变量）以及过去学生的当下发展的关系的研究。这是一个不同周期的研究，不仅关注行为，而且关注行为背后的价值，最终是要找到教师如何影响人的发展。研究应该包括：对教学行为的采集（大

数据时代的可能性)；行为从何而来；分类与编码；对有效行为的判断、分析与解释；以及对某种长期延续性的行为背后的价值关联与结构；对面向现在与未来的行为再反思与再建设……

二、教师专业发展与师德的关系

师德要求不仅仅是外显的伦理道德，还要和教师专业发展挂钩。

如果教师专业发展忽视了真实问题的解决，那么，这就不应成为道德的实践。

如果教师专业发展重视或者努力关注真实问题，那么无论形式或者内容，全过程都是道德的发展过程。这也是师德的重要解释。

师德，应该表现为一种最高级的专业状态。对教师而言，自觉反思，敢于否定过去的经验，善于接受新的思想，这是专业自觉，也是道德自觉。

三、什么是教师专业发展的基本价值

基于共同体的合作是教师专业发展的基本价值。作为专业学习共同体有五个主要特征：合作、共享愿景、聚焦于学习、反思性探索、去个人化的实践。

四、在教师专业发展领域，什么知识最有用

周增为教授认为今天的“学生知识”尤为重要，它将成为教师知识体系中的核心。

“学生知识”是教师对学生的全部认知以及在认知之上的知识责任，是教师支持学生发展的观点和方法。包括学生的成长理论与学生实际成长的各种环境和要素的结构性判断和评价。

掌握“学生知识”的教师，才能帮助学生在未来新技术主导生活的环境下，在物质资源丰足的条件中，什么是必要的磨炼，什么是必经的挫败，什么是必然的规律。

“学生知识”也是一种专业指标，要求教师能洞察隐患，及时干预，要拥有对负责环境的敏感与警觉。

五、什么是数字化转型下的教师功能（什么是教师专业发展的应有之义）

数字化转型是教师面对未来要形成的意识和能力。教师的生活方式已经越来越影响教师职业的群体专业化水平。一切技术的模仿、迁移等应用，都在悄然但深刻地决定着未来的教育质量。创新才是数字化转型的基础任务。

对“一切皆有可量化”等工具理性的冷静评估，能在大数据中，时刻提醒并指导学生保持作为主题的独立性，而不是成为大数据系统中的迷失者。教育是在技术逐步控制人的环境下，把人还原成人、把人守住的实践。设计多变量的环境、形成个性化支持、实现过程中的学习建构、共同建设信任、自觉、内生动力的教学关系。

在面向未来的课程体系中，教师如何建构社会与情感与学科知识的学习体系；如何设计社会与情感能力在学习过程中的实施框架和策略结构；如何理解并建立自身的社会与情感能力进而转化成支持学生的体系；教师要学习设计教育过程的“正面体验”。肯定痛苦过程的正面体验，并非对痛苦的无视，而是对期待获得目标的信念坚持。

帮助学生对未来有信念，对自我有信心，对合作同伴有信任，培育在过程中的勇气和责任。这些都是教师专业发展的未来性特征。

教师的专业发展是永恒的话题。周增为教授关于教师专业发展未来性特征的新鲜论点，推倒了我一直认为教师专业发展就是教师单方面专业成长的认识，并触动我对自己专业发展的未来性的方向是什么有了思考与寻求。

设计有思维含量的提问，上有思维含量的语文课

——学习《设计有价值的课堂提问》心得体会

2021年9月3日，我们工作室学员通过网络平台认真学习了由“课改中国行”公益宣讲团举办、贵阳市南明区教师学习与资源中心王璐老师主讲的精彩讲座《设计有价值的课堂提问》。

“孔子说，疑为思之始，学之端。陆九渊说，为学患无疑，疑则有进，小疑则小进，大疑则大进。教学是一门艺术，而课堂提问是组织课堂教学的中心环节。精彩的提问是诱发学生思维的发动机，能开启学生的大门，提高课堂教学效率和师生情感的交流，优化课堂教学。”王璐老师由古人对质疑的辩论娓娓道来，从统编版小学语文教科书的使用课堂发生着变化、反思提问的价值出发，详尽介绍了当下关于“课堂提问”的研究。

一、关于“课堂提问”的研究

讲座的开始，王老师阐述了研究背景，让人深思：通过调查，20节小学五年级的语文课，直接发问占提问总数的84%；小学和中学的社会科学教师平均每分钟会提1.5个文字问题，在课堂教学中教师不停地发问，学生对每个问题都浅尝辄止，没有对问题有更深入的思考，这样的问题再多也是无效的；教师以自我为中心提出的问题过多，而学生自主提出的问题的情况极少；教师提出的问题过于简单。

在我们实际教学中，确实有不少教师的提问不注重艺术性，过于简单。诸如“是不是”“好不好”之类的提问，表面上营造了热烈的气氛，实质上流于形式，华而不实，有损学生思维的积极性；有的教师提问超出学生知识范围，问题过难，抑制了学生的思维热情和信心；有的教师不善于了解学生的思维过程而适当引导，学生思维水平难以

提高。我从王老师的讲座中认识到，课堂提问是一项设疑、激趣、引思的综合性艺术，教师要重视课堂提问的艺术性，把握提问的“度”和时机、对象，充分发挥课堂提问的效能。

二、“提问”的界定

王老师从四个方面阐述“提问”的界定：（1）提问是教师教学时所使用的一种教学手段或技巧。通过这些手段和技巧指导学生学和做，目的是鼓励学生并培养学生的洞察力和主动的探索能力。（2）我国学者傅道春认为提问是一种信号刺激，学生在教师提问后的一系列反应都是由这种信号刺激产生的。在这种信号刺激下，学生开始产生心智活动并组织语言回答教师的问题。他认为这种信号刺激对学生思维能力的发展有促进作用。（3）提问不仅是教师课堂教学的一种方式，它更是激发学生思考，进行思维的一种方法。教师的提问设计要注重学生思维的培养。（4）课堂提问的功能有很多，引导学生学习，帮助学生建构知识体系，引导学生深入思考等。课堂提问最重要的作用就是能够促进学生思维发展。通过学习“提问”界定的解读，引起我对课堂提问的关注和深入的思考。

三、设计有思维含量的提问，上有思维含量的语文课

讲座中，王璐结合大量的课堂案例，从“注重全面思维，训练学生思维的广度”“注重辨析思维，训练学生思维的精度”“注重探究思维，训练学生思维的厚度”等方面解读如何从发展思维、培养学习能力等方面设计有含量的课堂提问，上有思维含量的语文课。在具体设计课堂教学提问的方法解读中，她重点讲解强化语用、有意抬高、巧用生成、鼓励试错等原则和方法。王老师的讲座让我真切地感受到：在倡导高效课堂，培养高素质人才的当今时代，课堂教学中提问的艺术性显得尤为重要。一个好的教师，如果掌握了课堂提问的艺术，那么就能最大可能性地激发学生学习的潜能。好的课堂提问仍应该遵循一些高效课堂的提问原则，采用一些好的方法，同时在实际教学中认真观察、分析，总结经验教训，理论联系实际，才能收到最好的效果。

宋代著名教育家朱熹说：“读书无疑者，须教有疑；有疑者，却要无疑，到这里方是长进。”学生读书，往往一读而过，不留“痕迹”，

虽然原因是多方面的，但是读书不会生疑则是其中一个主要原因，因而他们不能正确理解文章的真谛，体会不到文章的“妙处”，“长进”也就不大。在教学中，能否通过提问来提高学生的思辨能力和语言表达能力，能否提出高质量的问题，并达到预期目的，是我今后课堂提问思考和努力的方向。

幸福，源于绿色盎然！

“山似琼岛云似海，水如瑶玉江如带。人间常云桂林好，只缘未到阳山来。”现代著名诗人陈列赋诗称赞道。

——题记

穿越时空的隧道，打开历史的阀门，我凝望着镌刻在峭壁上的苍劲的“鸢飞鱼跃”，凝望着落后的村庄，苍老的古道，粗蛮的民风，“天下之穷处也”的声音在这老城回荡……我心绪难平、感慨万千。斗转星移，沧海桑田，如今，凝望着层叠山峰上那一轮喷薄而出的朝阳，焕发出腾飞的热力。阳山，就是这样的阳山，只为那幸福花儿的绽放，在落后中奋进，在曲折中不懈，与时俱进，上下求索，迈着坚定的步伐，挥手昨日“天下之穷处也”，走向幸福！

此时，幸福早已似春风吹过阳山大地……你看，焕然一新的河边公园，赏心悦目的霓虹灯；树木葱茏鸟语花香的贤令山，三五成群健身的身影；悠逸回旋音乐中的翩然舞姿，年老却依然健壮的身姿展示的太极拳……一个个喜气洋洋的表情，一个个暖意融融的片段，映射着阳城节节攀升的幸福温度。

幸福的温暖，源于阳山人民锲而不舍地追寻、孜孜不倦地探索、身体力行地实践着生态文明之路，围绕“山水文章”前行的脚步走得坚定而沉稳。“人是自然之子”，阳山为何还能守住一方绿水青山？“这是县委、县政府牢固树立‘既要金山银山，更要绿水青山’的科学理念，坚定不移走绿色生态文明发展道路所取得的成效。”“阳山最大的优势在生态，所蓄积的最大后发能量也在生态。”有人如是说。这些“绿意盎然”的理念，翻越崇山峻岭，穿行大街小巷，走进千家万户，见证着阳山对绿色生态的选择，对绿色生态的执着追求。

也正是从那时开始，“绿色生态”这四个简单的汉字，经过县政府的高度重视，经过许许多多老百姓的亲身实践，焕发出无穷的力量。阳山，以循环经济所倡导的“减量、再用、循环”为原则，以资源的高效利用和循环利用为目的，加大投入，切实做好企业层面上的小循环，构建“绿色能源基地”，获得了“国家首批绿色能源示范县”称号，进入全国108个“绿色能源示范县”行列，成为清远唯一获此殊荣的县。时光荏苒，阳山的生态之路渐行渐宽，沼气建设的力度和规模走在了全市前列，生物质能发电、风力发电等项目取得新进展，利用丰富的水力资源大力发展水电业，百万千瓦绿色能源基地雏形显现。生态的日趋完善，让阳山“旅游休闲胜地”品牌日益彰显。如今，阳山已成为珠三角和港湾地区游客青睐的“旅游休闲胜地”“四驱之城·越野之都”“广东省旅游强县”……阳山正以光的速度蓬勃发展着，良好的生态、丰富的资源，激活了经济，富足了人们，并放大优势，挖掘潜力，以更大的激情前进着。阳山县提出，要以“桥头堡”发展战略为指引，充分发挥自然生态优势，努力推进“三基地一名城”建设，积极发展风能、太阳能、沼气等清洁能源……每一次决策的推行，每一次发展的提速，每一次荣誉的获得，都深深镌刻着“生态文明”的烙印，铭记着为人民谋幸福的誓言，描绘出更催人奋进的新景象，谱写了一曲曲繁荣富强的乐章！

在广阔的蓝天下翱翔，闪耀生命瑰丽的光芒，湛蓝天空便是苍鹰的幸福；在无边无际里徜徉，让自己的生命锐气折射太阳的亮光，浩瀚海洋便是鱼儿的幸福；置身于青山绿水中，沐浴在怡人的气息下，洋溢着富足的笑容，便是我们阳山人的幸福；而我们的幸福，源于绿色盎然……

阳山，秉承绿色能源理念，人们踏上幸福的康庄大道。

阳山，振动那双强健有力的臂膀，腾飞于浩瀚无际的天空！

文明创建随想曲

文明代表一个城市的格调和品位，彰显一个城市的灵魂和底蕴。创建省级文明城市，则是我们竭力让这座城市变得更为迷人和可爱、更富幸福感和凝聚力的具体指向，不仅是在一次验收中过关挂牌，更是对社会风气的洗礼，对城市精神的展示。拥抱文明，阳山迈着轻盈的步子，挥手昨日“天下之穷处也”，走向文明！

不记得从何时开始，大街上出现了巡视车，新闻里天天播放着创建省级文明城市的宣传片，街上彩旗招展，随处可见一幅幅大红的标语横幅，这一幕幕无不告诉我，阳山这座小城，已吹响了“文明创建”的号角。我有些欣喜，但更多的是漠然。这的确是雄心壮志，但又能坚持多久，只恐又是一场空谈。曾经这粤北山区，这苍老的城市，冗长昏暗的街道，随处可见的垃圾，争执不休的陌生人……这座老城，要改变，何等艰难？在这种忐忑的心情中，我看到了阳山的改变。不得不承认，“文明创建”这四个简单的汉字，经过县政府的高度重视，经过无数共产党员的亲自诠释，经过许许多多阳山老百姓的亲身实践，的确有着无穷的力量。“大城管”“大防控”引发上下齐动，净化、美化、亮化的大街小巷让城市变得整洁亮丽；闪烁不停的红绿灯，井然的交通秩序；焕然一新的河边公园，连江两岸每到夜晚便令人赏心悦目的霓虹灯，悠逸回旋音乐中的翩然舞姿，给这座城市带来了梦幻的色彩与活力；改扩建后的中轴线是阳山的一道亮丽风景，拉筑起阳城腾飞的骨架；开放的贤令山，树木葱茏，空气清新，使人们休闲有了好去处，脸上挂着愉悦的笑容，曾经只能在脑海中想象的“唐宋八大家”之一韩愈，在贤令山上就能看到他的尊容，还能目睹他豪放潇洒的笔迹“鸢飞鱼跃”，体会到他的古韵遗风……文明创建，让这座城市靓丽了不少，也年轻了许多！

文明是一阵春风，苏醒了这古老的城市；文明又似一场春雨，滋润了干涸的心灵。好的环境可以愉悦人，更重要的是改变人、塑造人。文明创建，让阳山的公民对文明有了正确诠释：文明是别人不小心冒犯了你以后，一个宽容大度的笑容；是拥挤的公交车上，不管还有几站路都义无反顾地让座位给老人的决心；是即使遍地凌乱，也能抓紧手中的纸袋，为它寻找真正的归宿；是或许没有人会看见会记得会赞扬的东西，因为它们太微小，而又是那样不可或缺，不动声色地美化着社会。也许一个宽容的笑不仅能让那个满怀歉疚的人开心很久，还能让许多旁观的人也心情舒畅，因为文明能让人愉悦；也许那个让出的座位可以抚慰老人疲累苍老的身心，可以让周围的人都为之反思，下一次会多出更多让出的座位，因为文明可以感染很多人；也许那被扔进了垃圾桶的纸袋能让街道至少干净一点，哪怕只是一点点，因为文明就藏匿在这每一个细小的动作中。我不知道阳山的经济增长了多少个百分点，也不清楚又有多少人在阳山投资，我只知道，在文明创建的熏陶下，人们的理念更新了，演绎了文明的真谛，并和谐着人们的生活，和谐着整个社会。一个惬意而安详的下午，明朗的阳光懒散地洒满大地。我在人行道上踽踽独行，看到了意想不到的一幕，一位七旬老人在过马路时，由于想给迎面而来的摩托车让路，不小心摔倒了。没有粗鲁的咒骂声，没有嘈杂的吵闹声，有的是摩托车司机的道歉声，老人的谅解声，附近居民主动给老人拿药、擦药的问候声。我在远处看着，忽然就觉得，他们不是一群陌生人，他们就是一家人。那场景，真的很美好。我还听到了许多久违了的词汇：谢谢、对不起、没关系……多么朴素的语言，多么平凡的事情，可不知为什么，我心中满满的都是感动。

绿化是城市的外衣，建筑是城市的骨架，环境是城市的容貌，市民是城市的灵魂。人民是城市的主人，既是城市文明的受益者，更是城市文明的建设者，城市文明离不开个人文明。作为城市这个大家庭的一员，每位公民都有责任、有义务通过自己的文明行为，为我们的城市增添亮色。把一座城市建设得更美好，不仅仅是政府的事，也是我们每一个公民的事。只有齐心协力，从点滴做起，从我做起，从今天做起，为创建文明城市做出积极的贡献，才能把我们的城市建设得越来越美丽。我相信，文明就在我们身边，离我们很近很近，近得触手可及；我相信，文明，就在我们心中，会在生活中不经意地流露着。有时，多一个手势，对别人来说，就是多一份体谅；还有时候，多一点耐心的等待，对别人来说就是一种关爱；有时，多一点点分享，对别人来说，就是多份温暖。我们每个人迈出一小步，就会使社会迈出一大步。所以我发现，文明是一种力量，就好像奥运火炬传递一样，在每个人手中传递，也能够汇聚所有人的热情。文明，是一份人生幸福的开始；文明，是一份生活中最美丽骄傲的礼物。也许，只用一个默默无闻的领头人，便可带动一片圣洁之风；也许，只用一点文明点缀，便可唤起人们心底最美好的回忆。当有风度的一伸手，当有修养的一句话，充斥在人们心田，便回味出那文明的味道，那舒缓的感觉。我们不仅生活在一个小家里，还生活在城市这个大家里；我们不仅希望我们的城市越来越美，更希望我们人的心灵越来越美！你，我，他，我们每一个人都是阳山的形象，让我们自己与文明城市的要求相适应，让心态、言谈、举止如春风拂面般暖人心。

如今，我对阳山的未来，充满了信心！这样一个和谐美好的大家庭，还有什么能让我质疑？我们将看到，正是因为我们看似微不足道的努力，将汇聚起足以改变社会风尚的强大动力。在粤北这块沃土上，我们倾注了满腔的热情，创造了辉煌的业绩，演绎了动人的故事。今天，在这座有着悠久历史的古城，创建省级文明城市的热潮席卷了全城，当我们登上贤令山顶，俯瞰着这座城市与星光交相辉映的迷人夜景，我们心中是无限的骄傲与自豪！

文明，是永不过时的素养；和谐，是永不褪色的主题！让我们携起手来，共创一个美好、和谐、文明的阳山！

用激情拥抱生活

最近看了法国大师罗曼·罗兰写的《名人传》，这本书写了三个人：贝多芬、米开朗基罗、托尔斯泰。特别使我佩服的是贝多芬那种顽强地与命运抗争的精神。性格过于自由、暴躁的贝多芬不止一次地遭到了爱情的拒绝，承受着心灵的痛苦。同时，他的身体也“背叛”了他，先后得了肺病、关节炎、黄热病、结膜炎等。身子一天不如一天。但他从未放弃过音乐。要知道面对这么大的困难，贝多芬却毫不动摇，该用多大的毅力呀！耳聋，对常人是一部分世界的死灭，对音乐家是整个世界的死灭。整个的世界死灭了而贝多芬不曾死！并且他还重造那已经死灭的世界，重造音响的王国，不但为自己，而且为着人类，为着“可怜的人类”！是什么支持着贝多芬？是不向皇权低头的品质，是不被金钱收买的决心，是扼住命运咽喉的勇气！正是依靠着这些超凡的精神力量，贝多芬越过了人生的无数个痛苦险峰，达到了对人生最清醒的领悟。罗兰在《贝多芬传》的结尾这样写道：“一个不幸的人，贫穷、残废、孤独，由痛苦造成的人，世界不给他欢乐，他却创造了欢乐来给予世界；他用他的苦难来铸成欢乐，好似他用那句豪语来说明的——那是可以总结他的一生，可以成为一切英勇心灵的箴言：用痛苦换来欢乐。”

生命的沸腾掀起了音乐的终曲，贝多芬不肯相信他面临的是无可救药的灾难；他渴望痊愈，渴望幸福，他对未来充满着希望!

那么，想想我们这么丰衣足食的生活，为何心里不装满阳光，非要悲观行事呢?

生活，就如变幻莫测的海洋，有起有落，有悲有喜。任何事情都可能随时发生。在不经意间，也许我们会失去快乐、成功和机遇。静夜独思时，生命的无奈会如风而来，吹落我们因恐惧而淌下的泪水。

这时就会有了天塌下来了世界到了末日的恐慌与担忧。其实当你艰难跋涉过来，再回首走过的路，就有了“只不过这样而已”的感慨与轻松。爱了，伤了，痛了，拥有了，失去了，都是人生的一种阅历，经历过了，感受过了，也就不枉此生了。能懂得欣赏生活赋予自己的那份经历并为此感动，才是真正懂得生活。每一个人都有深深的酸楚和痛苦，每一个人都有自己的希望和坚强。无论快乐或悲伤，成功或挫折，只要学会面对它、欣赏它，每一个人都会感觉到生活的充实和完美。

微笑面对生活，生活会更精彩！

“快乐如空气，只要你去呼吸，就能拥有。”它是平等对待每个人的，无论是高官厚禄还是布衣平民，无论是墙根杂草还是宫中玫瑰，无一例外。

曾经跟一个朋友聊天，在他向我大倒苦水的时候，我为深感理解、深感同情却找不到很好的词语去安慰而不安时。他说：“不用为我感到郁闷感到伤感，你应该看到我这样压抑的生活而偷着乐去！”虽然我做不到这样，不能因为我比他好而偷乐，但从另一个角度来说，当自己处于人生低境的时候，再往更低的地方看看，或许能让自己释怀让自己找到向上的勇气。美国作家海伦·凯勒自传中有句话“我一直哭，我一直哭，哭我没有鞋子穿，直到我遇到一个人，他竟然没有脚……”没有鞋穿，肯定会“哭”，而海伦·凯勒遇到没有脚的人时，才明白自己有“脚”没鞋穿，相对于没脚有鞋穿，是何等的幸福啊，从而很是珍惜自己“有脚”的幸福。这句话是否能成为我们战胜人生中所有苦难和不幸的“尚方宝剑”，成为我渴求生存的精神支柱？

真正的快乐绝不是永载史册，而是在平铺直叙的生活中，去读懂它的韵味，从生活的方方面面去追寻美好的感觉。透过生活中的平淡乃至痛苦，看到生存的美好和意义。无论高尚还是卑微，能生存，就让自己充满生活的活力，让自己处于积极向上的状态。想哭就嚎啕大哭，想笑就放声大笑，不要奢望明天要拥有多少，不要遗憾昨天失去什么。今天，我们拥有了今天，就用自己的激情去拥抱。让我们即使在最黑暗的夜晚也能看到心灵深处的星光！

秋天的怀想

生命中有多少秋，陪我一起走过，又一起消逝？

清晨，站在阳台，凝视远方，一阵风儿吹来，不禁打个颤，秋天来了？是的，秋天的脚步已经光临南方，虽然步履蹒跚，还是来了。肆无忌惮的伤秋与感怀，品味着大自然的收获与成熟，也品味着人生的种种悲欢离合的往事，也许只有在这样的一个古朴淳厚的季节里面，我才能真正地去怀念一些逝去的岁月。

今天，天空保持着恒久的蔚蓝，没有阳光，四周的风景，唱着季节的赞歌……望向远处，那是一个小村庄，一个小山坡，一片土地，一条小河，有着泥土和丰收的地方。静静地望着那些金黄，感受淡淡的色彩，清风徐徐，成熟的气息扑面而来，让人心醉，让人爽朗。树叶黄了，此时的它们，心甘情愿地飘落心绪，一片两片，缓慢而轻柔，来也匆匆，去也匆匆，静静地来，也静静地去。尘世中的你我不也一样吗？各种各样的不同人生构成了多彩的世界历程，然而无论是帝王将相，还是平民百姓，谁不是经历从出生到成长、成熟、衰老、死亡的过程，最后化为一抔黄土？世间一切都只不过是宇宙的长河中转瞬即逝的一刹那，也许，做人不必在意太多东西，不必太过看重自己……

看着远处农田里农民不紧不慢的动作，如一个思想者，如一束火焰，走进秋的深处。看着农民自在地收获，自在地快乐，自在地满足……他们弥足珍贵的人生，没有孤独和忧伤，没有世俗和无聊，更没有不安和痛苦。他们光明磊落，不用拷问自己，更不用拷问生活。一把镰刀，成就了一个干干净净的灵魂。

面对他们，我无言以对。

慢慢地仰望天空，湛蓝的天，蓝得宁静，蓝得古朴，蓝得深邃，悠悠的云朵透出缕缕阳光，照亮我内心的季节，照亮我精神的世界。阵阵的秋风吹乱了我的头发，我没有去梳理，我觉得这样很好、很好……

漂流笔架山

语言贫乏的我，根本就刻画不出自然赋予我们的那种鬼斧神工的美，而能写出的也只是一些文字，一些在山水灵境之间显得刻板、青涩的文字罢了。

——题记

笔架山漂流是清远冉冉升起的一颗旅游明珠，这明珠升在改革开放的天空中，吸引了南粤众人的目光。

7月24日，风和日丽，我们阳山县文学协会会员在会长的带领下，也慕名来到清新区笔架山漂流。早上8点，我们从阳山出发，汽车在高速公路上飞驰。“春天的黄昏请你陪我到梦中的水乡，让挥动的手在薄雾中飘荡……”江珊的《梦里水乡》淡淡地在车内回响。勾起了十年前去笔架山的情景，当年在清远师范就读时曾不少次结伴到那儿玩耍，沿着那崎岖山路，进入幽静的山谷，亲近那清清小溪，掬一捧清泉扑打在脸上，或投到她的怀抱和同伴一起嬉戏……那快乐的笑声让人回味，让人留恋。如今又回到她的怀抱，她该是如何的容颜呢？

一路风尘，终于驶进了笔架山，首先映入我眼睛的是一条宽阔的水泥公路，像一条大动脉通向笔架山的每一处景点，让笔架山充满活力，往年的笔架山沸腾了起来！熙熙攘攘的人流，让我惊叹。

穿上橘红色的救生衣，戴上帽子，拿起船桨，一身武装，准备启程。看着友人一个一个漂流而去，不禁为他们拍手叫喊。但当由我主演“浪中人”，在惊滩险浪中表演“与浪共舞”时，并没有太多的高兴与激动，而是绷紧全身的神经，提心吊胆，脸也变色心也乱跳。我和阿华登上橡皮艇，艇摇波动，随着船工一声“坐稳喽！”平生的第一次漂流就开始了。还未来得及细细品味心情，只见前面河道被两边青山挤压成一条缝，仅容得一条船过去，水流似箭，狂浪排空，橡皮艇好像在半空中飞过，然后坠下“无底之崖”，我赶紧把身子缩成一团，紧闭双眼，大声喊了一声。橡皮艇刚着水面，还没有缓过神来，又被冲到另一个险滩，浪花如铁砂般迎面打来，说时迟，那时快，橡皮艇被湍急的河水托到空中，又被狠狠地甩了下来，撞到坚硬的岩石边，接着反弹了回来，漂到浪尖上，再栽下来，一个大浪覆盖过来，水珠似急雨般倾泻，我俩全身彻底湿了，橡皮艇也注满了水。我俩只好靠岸，把艇里的水倒走，好一会儿又继续我俩的漂流之旅了。

一路上滩多流急，漩涡一个接着一个，我俩除了不断地与滚滚急流作斗争外，还频频地遭到友人的袭击。你看，前面就有几艘橡皮艇横霸在江面，个个友人手拿勺子，准备向我们泼水宣战！“哎，我们赤手空拳，如何是好？”我用桨拼命地逆向而划，拖延时间。不一会同伴的大眼睛一亮，妙计上心头了。只见她嗲声嗲气地嚷道：“喂，靓仔大哥，我们的橡皮艇进了许多水，快沉了，怎么办呀？你们借两个勺子给我们用用吧。”她的愁眉苦脸果真让对方上当，“喂，接着！”随着两个勺子飞了过来，接过勺子，毫不留情地向对方泼水，这样激起众怒，接着是无情的反击。泼呀，喊呀，笑呀，声音在江上回荡。最终我俩还是败得一塌糊涂，全身湿漉漉的，心里却是坦坦荡荡的喜悦。

经历了一场“飞天、坠崖、击水”的考验，紧张的心情释然了许多。刚才将全部精力集中在漂流上，无暇顾及两岸风光，现在胆子大了，才有心思观赏。放眼四望，那陡峭的山峰上树木葱茏，两边悬崖不时涌出股股飞泉，犹如小瀑布，直泻而下，波平浪静的水面，绿水迎着青山和蓝天白云，一艘艘橘红色的橡皮艇飘荡在碧绿的江面上，人如在画中游，仿佛置身于漓江，形成了一道如诗如画的风景。橡皮艇缓缓地流动，我俩一起畅谈文学，畅谈人生，那是怎样的一种温馨，一种写意啊！……“喂，你们还不快点！”众友人的呼唤打破了我俩的倾谈，才发觉“轻舟已过万重山”，漂流到了终点。就在靠岸之际，我俩又得到了友人的击水的攻击、洗礼，我俩从头湿到脚，一副狼狈相，成了名副其实的战败的水兵。此情，此趣，真让人感到活活泼泼的新鲜，真真确确的刺激！

风吹浪打了两个小时，手脚泡得发白，头发淌着水滴，我们踏上了归途。漂流笔架山，让我沉浸在这美丽的山水中，这快乐的时光里。面对这迷人的山光水色，这快乐的消遣之处，喟然于大自然之不可思议的造化，也为清新区人民的智慧、清新区的发展而振奋！

春去春又来

时间老人的手指在岁月的竖琴依旧那么轻轻地一抡，2012年的序曲就响起来了，恍若从岁月深处，缓缓飘来。

而我，依然在记忆里徘徊，在时间消逝处，蓬生感慨：意气风发已成往昔，凌云壮志也不再来。在生命的转角，望断远方厚重的浓云，依旧找不到方向。于人世的那份无奈，那份颓唐，还有那份坚强与执着，几多清晰，几多迷茫，纷至沓来，纠纠缠缠，延延绵绵。想的是无限的宽广，却走着窄窄的道路；期望远近的美好，常常收获的却是漫漫荒凉。每天走过重复不知几许的路，每天看过相识却陌生的人。一脑海的思绪，一脑海的空白。往往复复，颠来倒去，所想为何？为何去想？我不知道。我为什么在这里，明天又该往哪里？我依然迷茫。

在无限的情思中游弋之后，我俯瞰春光所照亮的尘寰。春天呵，你曾有过的辉煌，还会在那片沃野里重新展示吗？

“轰隆隆……”天空铆足了劲儿绽裂而出一种清脆的声音。春天醒了吗？随着声响春天的风儿吹向了辽阔的原野，田埂边的小草儿也睁开了眼睛，舒展着身姿。被冬季包裹的寒冷，就这么被一吹而散，大地着了一袭绿装，山间小溪泠泠淙淙，清亮亮地流着，所有的希望也从地底下冒了出来，咬住了孩童的衣角，映衬了庄稼人的笑脸。过不了多久，所有天真烂漫的嫩绿，和那些搏击风雨的苍翠，都将紧和“泥融飞燕子，沙暖睡鸳鸯”的节拍，层层铺展。而那些花儿，也都将次第绽放。从冬天走过来的麦子，正面朝东风，吐一穗金属质的锋芒。破茧而出的蝶儿，绕着那花儿舞着灵动的篇章……春就这样坦荡地拉开了绿色的帘幔，孕育了一个冬季的期待。

我站在季节的端口，遥望尘世的景观。

阡陌之上，弯腰耕耘的人呵，不紧不慢的动作，如一个思想者，如一束火焰，走进春的深处，优美的声音已穿过晨光，自在地播种，自在地快乐，自在地满足，充满着希望……他们弥足珍贵的人生，光明磊落，不用拷问自己，更不用拷问生活。一个弧度，成就了一个干干净净的灵魂。面对他们，我无言以对，任凭浩浩荡荡的暖阳，缠裹着我的肌肤；柔柔暖暖的气息，轻轻巧巧地潜入我的心底，那《寻找幸福》的小故事不禁萦绕心头，和着春韵在心底盘旋回荡。“美国教育家杜朗曾说他如何寻找幸福。他先从知识里找，得到的是幻灭；从旅行里找，得到的是疲倦；从财富里找，得到的是争斗与忧愁；从写作中找，得到的是劳累。直到有一天，他在火车站旁看见一辆小汽车里，坐着一个中年妇女，怀里抱着一个熟睡的婴儿。一名中年男子走到汽车旁，他吻了一下妻子，又轻轻地吻了婴儿，生怕把他们惊醒。然后，这一家人开车离去了。这时杜朗才发现什么是真正的幸福。原来，生活的每一平常活动中，都带着某种幸福。”

我这样一个平凡的女子，那丝丝幸福的惶惑，在这个春天的某一刻冰释。和煦的阳光就像是一首抒情的歌，叶儿为指，风儿为弦，流韵悠悠。当旋律穿过了骨头，此时的心情便不再斑驳，不再疏离。

安静的欣赏吧，花开花落，是自然的定律。一如尘世间的种种，有高潮就会有低谷，有快乐就会有哀愁。不经历失落哪里会有崛起的快意，不承受遗憾又怎能感知收获的喜悦。喧闹的退场只是一个伏笔，随之而来的定是一片灿烂。

于是，我依旧习惯独步蹒然，仍然醉心十指盘花。执手最初的心念，我还是那个素颜朝天的女子，坚守自己的真本，磊落坦然。

春去春又来，岁月里永不暗淡的，是心中的那点光芒；时光里无法湮灭的，是明天的那份希望。

春去春又来，人生的下一站，必是春暖花开！

参考文献

[1]《义务教育语文课程标准（2022年版）》[M].北京：北京师范大学出版社，2022.

[2]人民教育出版社课程教材研究所小学语文课程教材研究开发中心.义务教育教科书语文教师教学用书[M].北京：人民教育出版社，2018.

[3]周一贯.小学语文文体教学大观[M].上海：上海教育出版社，2017.

[4]余文森.核心素养导向的课堂教学[M].上海：上海教育出版社，2017.

[5]吴忠豪.从教课文到教语文[M].北京：高等教育出版社，2012.

[6]温儒敏.温儒敏语文讲习录[M].杭州：浙江人民出版社，2019.

[7]佐藤学.教育方法学[M].北京：教育科学出版社，2016.

[8]焦尔当.学习的本质[M].上海：华东师范大学出版社，2015.

[9]吴忠豪.吴忠豪与小学语文名师磨课[M].北京：高等教育出版社，2018.

[10]叶圣陶.语文教育论集[M].北京：教育科学出版社，2015.

[11]丁有宽.小学语文读写结合法[M].济南：山东教育出版社，1999.

[12]朱作仁.小学作文教学心理学[M].福州：福建教育出版社，1993.

[13]陈勇.浅谈阅读教学 重视学生自主学习[J].课改论坛，2013，02(17).

[14]吴忠豪.薛法根总主编.小学语文名师文本教学解读及教学活

动设计.上海：上海教育出版社，2019.

[15]朱再剩.小学语文复习教学策略研究[J].当代教研论丛，2016（01）.

[16]送盈盈.211高效课堂教学模式研究——以延安实验小学语文课堂为例[D].延安：延安大学，2014.

[17]王允.小学语文“三六五”课堂教学模式的现状调查与导向性研究[D].济南：山东师范大学，2010.

[18]孙宽宽.合作学习背景下小学语文高效课堂的构建探索[J].科学咨询（教育科研），2021（04）.

[19]伏祥菊.讲究提问艺术，构建小学语文高效课堂[J].华夏教师，2019（23）.

[20]陈先云.课程观引领下统编小学语文教科书能力体系的构建[J].课程·教材·教法，2019，3（03）.

[21]陈先云.统编小学语文教科书能力体系的构建[J].小学语文，2019（Z1）.

[22]温儒敏.“部编本”语文教科书的编写理念、特色与使用建议[J]. 课程·教材·教法，2016（11）.

[23]郑桂华.语文教材训练系统的功能与结构—— 使用新教材的一个视角[J].语文教学通讯，2015（5）.

[24]陈月萍.浅谈落实语文要素的立体化推进模式——以统编版教材《三黑和土地》一文的教学为例[J].小学教学研究，2020（29）.

[25]刘学林.融通板块，以整体意识推进语文要素落实[J].福建教育，2020（31）

[26]曹卫星.统编教材落实语文要素谨防“五化”[J].教学与管理，2020（08）.

[27]林丹.小学语文阅读教学中语感培养的三个要素[J].语文教学通讯·D刊（学术刊），2021（03）.

[28]杜云云.在小学语文阅读教学中实践“教学做合一”理念的探索[J].语文教学通讯·D刊（学术刊），2020（04）.

[29]江燕.基于语文要素的小学语文阅读教学研究[J]. 家长，2020（36）.

[30]高倩.小学语文阅读教学实践与探索[J].试题与研究，2020（35）.

[31]朱瑛."要素突破式"阅读教学样态实践[J].语文教学通讯，2020（36）.

[32]高国云.如何围绕小学语文要素开展阅读教学[J].新课程，2020（47）.

[33]王伟山.小学语文阅读教学中应用信息技术的实践探索[J].课程教育研究，2020（31）.

[34]汤岚.落实语文要素 推进单元教学——浅析语文要素在小学语文阅读课堂落地的教学策略[J].智力，2020（20）.

[35]李云矿.发散思维 提升兴趣——小学语文阅读教学策略探索[J].考试周刊，2020.

[36]王秀荣.提升小学语文阅读教学有效性探索与实践[J].才智，2020（12）.

[37]施燕红.让读与写比翼齐飞[J].小学语文教师，2020（6）.

[38]温儒敏.读书为要：如何用好统编语文教材[J].语文建设，2019（3）.

[39]李竹平.必须要走的路——将语文要素转化为单元学习目标[J].小学语文教师，2020（3）.

[40]刘荣华.语文要素教学的问题与对策[J].小学教学设计（语文），2020（4）.

[41]何致文.统编教材文体组元单元的编排思路与教学建议[J].语文建设，2020（8）.

[42]郗良云.基于核心素养的小学语文阅读教学策略探究[J].科学咨询（教育科研），2018（12）.

[43]吴丹青.聚焦语文要素，探求阅读教学之道——以《伟大的悲剧》为例[J].语文教学通讯，2018（26）.

[44]廖丽萍.小学语文阅读教学有效性分析[J].华夏教师，2018（25）.

[45]章彬彬."让情感和思维共同生长的阅读教学策略"[J].语文教学通讯，2020，9C.

[46]朱欣慧.传诵经典，感悟人文——小学语文教学中实施经典诵读[J].小学生作文辅导（语文园地），2021（06）.

[47]贺彩霞.新课程下小学语文人文课堂的构建路径探讨[J].新课程，2021（22）.

[48]褚丽丽.构建人文课堂，培育学生人文素养［J］.江西教育，2021（15）.

[49]邵湛.有温度的教学——初探影视资源对提升小学生语文素养的影响[J].求知导刊，2021（20）.

[50]陈先云.统编小学语文教科书能力体系的构建［J］.小学语文，2019（Z1）.

[51]余琴.语文要素教学中存在的问题及改进策略［J］.语文建设，2021（4）.

[52]刘慧清.运用多媒体在小学语文阅读教学中提升学生的人文素养［J］.语文课内外，2020（06）.

[53]莫彦美.基于阅读素养提升的小学语文预测策略教学研究［D］.厦门：集美大学，2020.